一阳锁套利及投机技巧

YIYANGSUO TAOLI
JI TOUJI JIQIAO

一阳◎著

北方联合出版传媒（集团）股份有限公司
万卷出版公司
VOLUMES PUBLISHING COMPANY

ⓒ 一阳 2009

图书在版编目（CIP）数据

一阳锁套利及投机技巧／一阳著.—沈阳：万卷出版公司，2009.12

（引领时代）

ISBN 978-7-5470-0601-6

Ⅰ.一… Ⅱ.一… Ⅲ.期货交易—基本知识 Ⅳ.F830.9

中国版本图书馆 CIP 数据核字（2009）第 236407 号

出　版　者	北方联合出版传媒（集团）股份有限公司
	万卷出版公司（沈阳市和平区十一纬路 29 号　邮政编码　110003）
联系电话	024-23284090　　**电子信箱**　vpc_tougao@163.com
印　　刷	三河文通印刷包装有限公司
经　　销	各地新华书店发行
成书尺寸	165mm × 245mm　　**印张**　12.5
版　　次	2009 年 12 月第 1 版　2009 年 12 月第 1 次印刷
责任编辑	赵旭　　　　　**字数**　80 千字
书　　号	ISBN 978-7-5470-0601-6
定　　价	32.00 元

很多期货投资者之所以产生亏损，除了心态上的因素以外，必须具备的实战知识也非常少。知识就是力量，知识也是财富，您懂多少知识便可以拥有多少财富，这一句话在期货市场显得极为贴切。在产生亏损以后，千万不要去抱怨，应当把抱怨的时间用于总结。亏损是谁都不愿意看到的结果，只有冷静地总结每一次操作失败的原因，才可以在未来将风险降到最低。

也许踏踏实实地去学习对于很多投资者来说是枯燥的，远不如想怎么操作就怎么操作更有激情，但是，成功会降临在那些不思上进、不知道学习总结的投资者身上吗？必然不会！真正的成功者必备的品质就是不断地学习：向市场学习，向其他成功投资者学习。每天多一点时间学习，便会多一些成功的希望。

有一些投资者其实非常愿意去学习，只是苦于不知道应当如何学习，在学习的道路上走了很多弯路。为了帮助投资者提高操作能力，笔者开办了一阳期货培训学校。在期校中，每天笔者会为学员提供一份书面培训资料并布置一份作业，同时还将当天的经典走势与近期可能会运用到的技巧录制成视频课件。如果投资者有足够的时间进行看盘，实盘中笔者还将会根据情况对学员进行相应的操作提示。通过一段时间的培训，很多学员已经掌握了周全的投资策略，达到了独立盈利的能力。我们相信，通过接受系统化的培训，您的获利能力必然会明显提高！我们不敢对您说参加期校学习，一两个月您就可以实现盈利，因为学习是一个积累的过程中，绝非一朝一夕就能达到目的，如果您没有足够的耐心进行学习，成功很难青睐你。

网站中会经常发表一些期货投资方面的交流信息，同时，在语音聊天室中每个交易日都会有免费的语音培训，建议各位读者积极参与。不断地学习，不断地盈利！具体的培训方式请见网站介绍，或向工作人员询问。

　　最后再提醒各位读者一句：凡是购买本书者，均可向工作人员索要20个一阳期校中的内部视频教学课件！

笔者联系方式：

电话：13810467983

网址：www.tzsd168.com或www.tzsd168.com/bbs

电子信箱：stock_yiyang@sohu.com

我助手的QQ：李助教：987858807

纪助教：879558631

姚助教：506882716

魏助教：122138483

一阳

目 录
CONTENT

一阳锁套利及投机技巧

第一章 期货投机分时技巧

第二章 期货投机分钟K线战法

第三章　一阳绝技——一阳锁套利

第四章　一阳期校培训摘录

第一章

Chapter 1

期货投机分时技巧

很多期货投资者采用日内投机的交易方式。日内投机的优点就是所承担的风险比较小，除非价格突然暴涨或是大幅跳水，否则最大亏损幅度都是可以控制的。同时，日内投机的机会比较多，虽然相比趋势性操作的盈利幅度要小一些，但是，只要使用方法正确，每日操作几次累积起来的利润也是比较高的。

进行日内投机性操作的投资者必须要掌握一些经典的分时走势特征，从而为提高实战的准确性打下基础。本章将为您介绍一些日内投机交易常用的分时技巧，相信这些投机技术会对大家的操作起到很好的帮助作用。

第一节　均价线压力做空点

Section 1

均价线是开盘至某一时间所有成交的平均持仓成本，收盘时均价线的数据也就是当天的结算价格。由于均价线反映了持仓成本的数值，因此在价格变动的时候，它往往具有明显的压力与支撑的作用。

在价格日内大趋势向下的情况下，利用均价线的压力作用可以在价格下跌后反弹至均价线位置时，进行开空仓的交易。

价格下跌以后，必然会出现正常的反弹走势。若能逆转下降趋势的反弹，价格就可突破重重压力；若不能逆转下跌趋势的反弹，价格就很容易受到压力而产生回落。根据这一特征，参考均价线辅助进行操作便显得非常合适。

均价线压力做空点的注意事项有：

1．当天或近期价格处于明显的空头市场，而且当天整体市场气氛偏空，只有这样价格继续下跌的概率才大；

2．价格反弹向均价线接近的时候，成交量不能放大，以萎缩上行的形态为最佳，如果成交量放大资金操作积极，回折点将难以把握；

3．价格触及或接近均价线后，可以开空仓操作，如果价格继续上涨突破均价线，投资者可根据自身的风险接受能力择机止损。

豆油1001合约

2009年5月7日走势图。（图1-1）

图1-1

分析要点（图1-1）：

1．价格开盘后一路回落，当天分时走势下降趋势明显，正确的操作是找高点开空仓；

2．价格反弹时成交量非常稀少，这说明没有多少资金看好上涨，同时也说明前期高点的空方持仓未放手，价格继续向下的可能性较大；

3．价格连续反弹触及均价线，此时可以开空仓交易，但实际操作时并不一定要等价格完全触及均价线时再开仓，有时价格在接近均价线时就产生回落；

4．一旦出现明显的放量突破均价线走势，就必须择机进行止损操作。

豆一1001合约

2009年6月2日走势图。（图1-2）

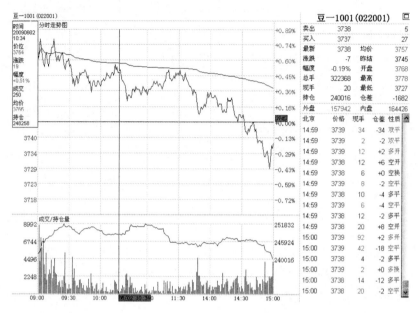

图1-2

分析要点（图1-2）：

1．价格高开后出现回落形成明显日内下降趋势，此时的操作宜为顺势做空；

2．价格在图中形成了二次下跌后反弹触及均价线的现象，从实际走势来看，在空头趋势中触及均价线开空仓符合顺势要求；

3．价格在上涨触及均价线的过程中，成交量均未连续放大，这是非常重要的技术要点，一旦放量资金交易积极将容易导致趋势的改变，无量状态下价格反弹继续下跌的可能性较大；

4．如果日K线处于下降趋势，持仓时间可适当延长，以获取较大收益；如果日K线级别是上升，仅是当日趋势为下降，应在有盈利的情况下注意止赢。

第二节 均价线支撑做多点

Section 2

均价线具有压力作用也就必然具有支撑作用，其支撑作用体现在：价格形成明确上升趋势以后出现调整，在回落到均价线附近的时候受到均价线的支撑。

均价线的支撑有三种形式：

1．价格调整时将要触及均价线，但并未触及，具有一定价格空间，这种是悬空式的支撑；

2．价格调整低点数值恰为均价线数值，二者完全触及；

3．价格调整低点瞬间跌破均价线，但随后又快速位于均价线上方。

无论是哪种形式，都符合支撑的要求。在使用均价线支撑做多点操作的时候需要注意以下事项：

1．价格日K线趋势向上以及日内走势趋势向上，并且当日市场气氛为偏多；

2．价格回落并向均价线靠近的时候成交量不能放大，否则会使后期的上涨变得艰难；

3．价格触及均价线受到支撑时可以开仓做多，但如果价格后期跌破均价线支撑，则应择机止损出局。

菜油1001合约

2009年7月1日走势图。（图1-3）

分析要点（图1-3）：

1．价格开盘后一路上行，持仓量配合增加，多头气氛浓重，操作时应当顺势做多；

2．上涨一定幅度后价格出现调整，调整过程中成交量连续萎缩，显示多头平仓盘较少，空头开仓力度也不大，调整后价格继续上涨的概率较大；

3．调整低点触及均价线，并始终无法破位，进一步显示

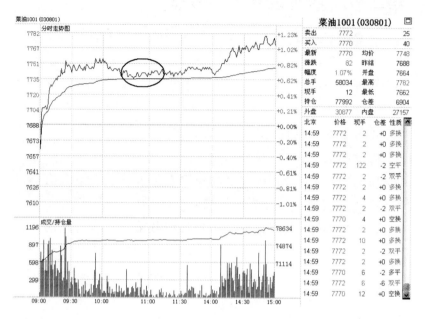

图1-3

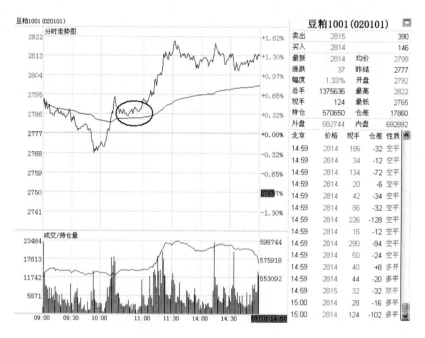

图1-4

空方的虚弱，在均价线附近价格处可以开多仓操作；

4．只要价格没有跌破均价线，便可一直持仓，一旦破位就择机止损出局。

豆粕1001合约

2009年7月10日走势图。（图1-4）

分析要点（图1-4）：

1．开盘后价格下跌，初期下跌均价线压力作用明显，分时线与均价线形态适合早盘做空；

2．经过一段时间下跌，价格突然放量上涨，形成反转走势，均价线压力一举被突破，此时需要留意均价线的支撑作用，以便择机做多；

3．价格上涨后出现调整，低点距离均价线有一定空间时企稳震荡，这种走势是均价线的悬浮式支撑，是较为常见的支撑形态，因此该区间应视为均价线做多介入区间；

4．均价线的支撑有三种形式：价格恰恰与均价线重合，这是一般定义上的支撑；价格距离均价线还有一定空间，而后企稳回升，这是悬浮式支撑；价格快速小幅度地跌破均价线，但随后又快速位于均价线上方。无论哪一种支撑形态，都可以根据具体走势择机做多。

第三节　突破做多点

Section 3

多头趋势一旦形成，价格必然会不断地向上突破重重压力去创下新高，每一次价格突破压力创新高的走势，都意味着新一轮上涨的开始，在这个位置开仓做多往往可以在较短时间内实现投机性盈利。

本节所提到的突破是指价格突破盘中前高点的压力。由于前高点的价格是固定的，因此这种做多方式的买点是可以提前预知的，一旦价格达到或超越前高点便可以开仓交易。

使用突破做多点操作方法应当注意以下事项：

1．要求当天的市场环境不能是明显偏空的，否则价格容易形成假突破现象，以当天市场环境偏多为最佳；

2．价格在形成突破的时候最好得到成交量放大的配合，量能放大说明资金操作活跃，价格具有持续性上涨的动力；

3．在价格放量上涨的时候，持仓量最好同步增加。

PTA 0909合约

2009年6月18日走势图。（图1-5）

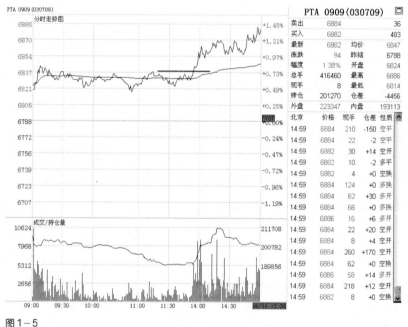

图1-5

分析要点（图1-5）：

1．价格高开后形成了窄幅震荡的走势，对于这种波动形态应当留意其高点和低点的关键位置，一旦价格形成突破将会确立方向；

2．经过较长时间的震荡后价格上涨，并突破了前期的高点压力，突破走势形成，在方向确立的情况下投资者可以开仓做多；

3．价格在形成突破的时候，成交量出现明显放大迹象，资金交易较为活跃，这将会为股价提供持续上涨的动力；

4．突破点持仓量曲线明显上行，与价格的上涨形成完美配合。

豆一1001合约

2009年6月23日走势图。（图1-6）

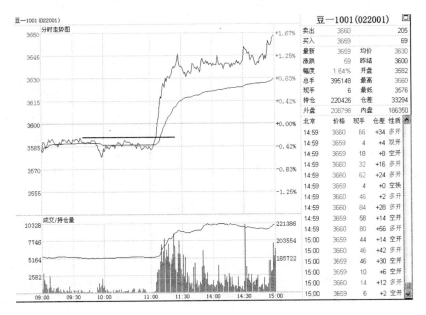

图1-6

分析要点（图1-6）：

1．价格低开后形成了窄幅波动态势，这种走势在方向没有确立前无论是做多还是做空都将承担一定的风险，所以，在方向确定后再操作才比较安全；

2．经过较长时间的震荡，价格快速突破盘中形成的前高点，由于前高点的价格是事先存在的，这就意味着做多开仓价格可以事先设定；

3．价格突破的时候成交量明显且密集放大，资金介入非常积极，量越大价格上涨的空间也就越大；

4．持仓量曲线随着放量而明显上行，多方建仓坚决并且力度远超过空方。

沪铜0910合约

2009年6月23日走势图。（图1-7）

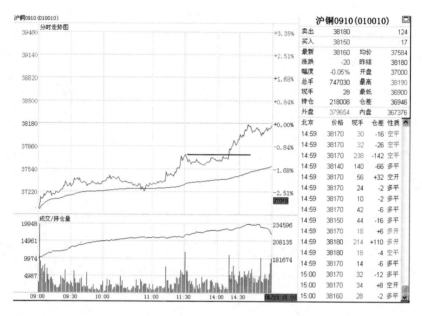

图1-7

分析要点（图1-7）：

1．价格大幅低开后形成了震荡上涨的走势，虽然价格相比昨日下跌，但应服从日内趋势投机性做多；

2．上午价格波动留下了两个位置基本一样的高点，经过一次压力验证的高点一旦被突破，价格上涨的概率将会很大；

3．下午价格先后两次形成了突破的走势，每一次突破形成时成交量都出现放大的迹象，量放大说明资金入场活跃，这有利于价格的持续上行；

4．在价格突破向上的时候，持仓量一路增加，进一步加大上涨的可靠性。

第四节　破位做空点

　　价格要想保持连续地上涨就要不断地突破前期的高点，相反，价格如果想要延续性地下跌，就要不断地向下突破一道道的支撑位，价格只要可以不断地突破支撑位，并且不断地创下新低，下降趋势便会一直延续，直到无法形成向下的突破为止。

　　一般来讲，价格向下突破与否是以能否创下新低，即能否跌破前低点为标志的。

　　在使用突破做空点操作方法时应注意以下事项：

　　1．要求当日市场气氛明显偏空，否则价格就算形成了破位，下跌的幅度也不会很大；

　　2．价格在形成破位走势时，最好出现放量现象，这说明做空资金数量较多，有利于价格的持续下跌，当然，如果分时形态形成了破位但并未放量也可以做空，不过效果不如放量下跌的好；

　　3．价格破位下跌时持仓量如果可以明显增加是最好的，是必须要积极做空的，但这种现象相对少见，所以，对持仓量不做太多要求。

豆油0909合约

　　2009年5月7日走势图。（图1-8）

　　分析要点（图1-8）：

　　1．价格高开以后出现箱体震荡的走势，在方向未明确之前，不宜进行投机性操作；

　　2．经过一段时间震荡，分时线向下明确跌破箱体的下沿，破位的出现意味着方向已经明确，此时应顺势日内做空，空单开仓点就在价格破位处；

　　3．价格在跌破箱体下沿的时候成交量出现放大迹象，这

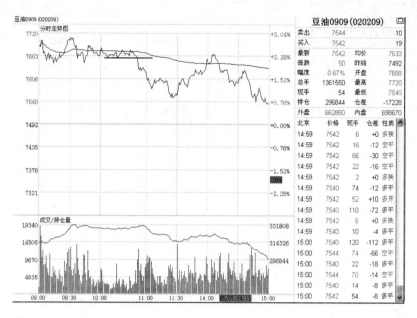

图1-8

说明价格的下跌受到了空头资金的配合，价格继续下跌的可能性比较大；

4．破位点由于可以提前预知，所以投资者只需要盯住这个价位并耐心等待机会的出现就可以。

沪铜0909合约

2009年6月2日走势图。（图1-9）

分析要点（图1-9）：

1．价格对大形态的破位往往会形成大级别的下跌走势，对小形态的破位则往往会形成投机性的做空机会，即一旦价格破位，形态级别越大，下跌的级别也就会越大；

2．价格在下跌中途出现了小级别的震荡走势，震荡高点受到均价线明显压力，对于这种弹不起来的形态应当留意下降趋势的延续可能；

3．价格在破位的时候成交量明显放大，资金做空态度较为积极；

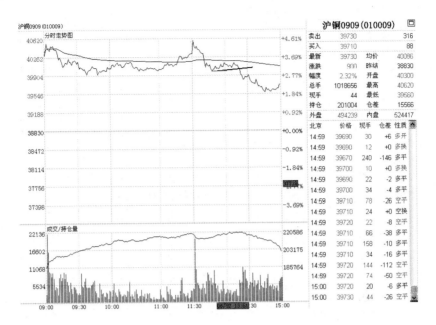

图1-9

4．价格的破位不仅跌破小级别形态同时也创下盘中新低，破位处开仓做空盈利概率很大。

白糖1001合约

2009年6月18日走势图。（图1-10）

分析要点（图1-10）：

1．价格虽然高开但在盘中形成了明显的下降趋势，因此，日内交易应顺从分时线的下降趋势；

2．价格在下跌中途的无量反弹受到了均价线的压力，空头迹象比较明显，一旦形成经典的空头下跌走势，一定要顺势开空仓；

3．受到压力回落后，价格在前低点处缩量小幅震荡，这种形态是反弹无力的象征，是常见的继续下跌的形态；

4．空单开仓点在价格跌破小震荡区间时进行，一旦价格破位不仅会跌破小形态，还会创下盘中新低。

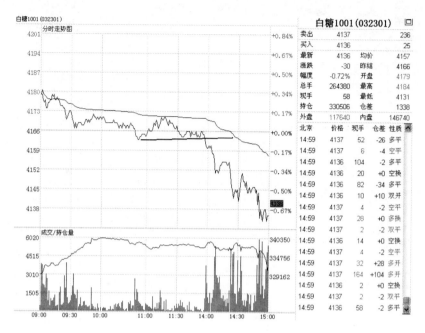

图1-10

第五节　如何判断哪个品种最强

Section　5

　　在进行期货交易的时候，必须要确定相关品种波动时的强弱关系。比如，在价格形成下降趋势的时候，弱势特征明显的品种往往会形成较大的跌幅；反之，当价格上涨的时候，强势特征明显的品种往往会形成较大的涨幅。想要实现盈利，就需要对强势特征明显的品种进行操作。至于跟风涨跌的品种，虽然也能获得收益，但利润率要小一些。

　　价格波动时上涨的强势品种有以下特点：

　　1. 上涨时，强势品种往往会形成率先创出新高的走势，而跟风品种创新高的时间则明显滞后；

　　2. 上涨时，强势品种调整的幅度往往会比较小，重要支撑不会因为调整而破位，跟风品种则往往会形成较大幅度的调整，支撑很不规律；

3．价格下跌结束开始上涨时，强势品种在低点区间往往会出现不再创新低的走势，弱势品种则会依然创下新低；

4．价格下跌结束开始上涨时，强势品种往往会率先突破前期的压力位，而弱势品种的突破时间相应滞后。

棕榈1001合约

2009年6月9日走势图。（图1-11）

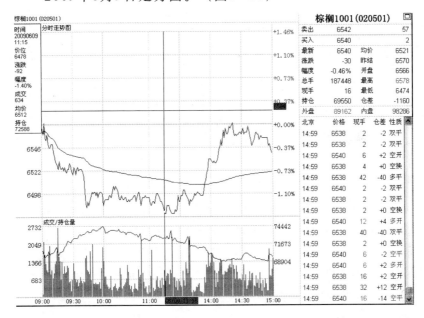

图1-11

分析要点（图1-11）：

1．价格开盘后一路下行，空头迹象明显，上午盘中应当顺势做空；

2．早盘进行做空的时候应当选择开盘幅度低的品种重点关注，如果做多则应关注开盘高的品种；

3．价格在盘中屡次创下新低，直到下午开盘后才拒绝再创新低。

豆油1001合约

2009年6月9日走势图。（图1-12）

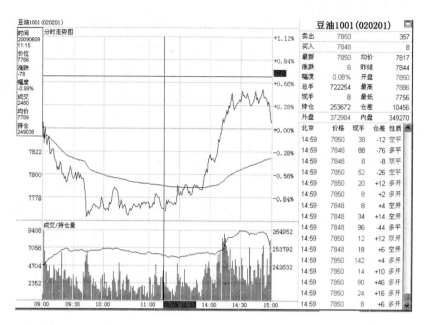

图1-12

分析要点（图1-12）：

1．相比棕榈1001合约，豆油1001合约开盘幅度较高、整体下跌幅度较小；

2．棕榈1001合约在盘中连创新低，而豆油1001合约在低点区间震荡时新低不再出现，并且低点有连续抬高迹象，相比棕榈1001合约走势，具有明显多头强势特征；

3．豆油1001合约下午上涨的时候，先于棕榈1001合约突破震荡区间的高点；

4．经过对两个品种价格波动形态的对比，可以确定豆油1001合约的上涨强势特征更加明显，一旦价格反转上涨，它的涨幅将会超越棕榈1001合约。

豆一1001合约

2009年6月9日走势图。（图1-13）

分析要点（图1-13）：

1．豆一1001合约开盘后一路下行，早盘期间空头迹象非常明显，日内投机不可逆势操作；

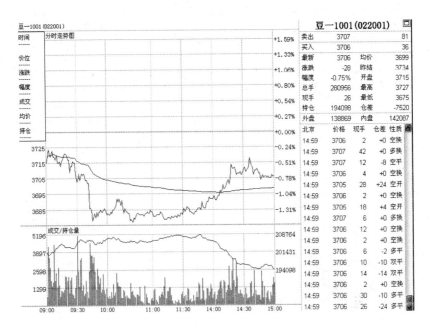

图1-13

2．价格下跌到低点后停止继续创新低，并有低点小幅抬高迹象；

3．在空头迹象明显的情况下进行做多操作，除了要从争取最大利润的角度出发，还需要加倍注重价格波动的安全性。

豆粕1001合约

2009年6月9日走势图。（图1-14）

分析要点（图1-14）：

1．豆粕1001合约的下跌幅度远超过豆一1001合约，从跌幅角度来看，豆粕做空的强势更加明显；

2．豆粕1001合约在盘中连续创下新低，与豆一1001合约的拒绝创新低走势有着明显的强弱差异；

3．在后期反弹过程中，豆粕1001合约反弹的幅度大于豆一1001合约，从利润最大化角度来看，应当操作豆粕1001合约的反弹上涨；

4．由于价格处于空头市场状态，除了要考虑获利幅度

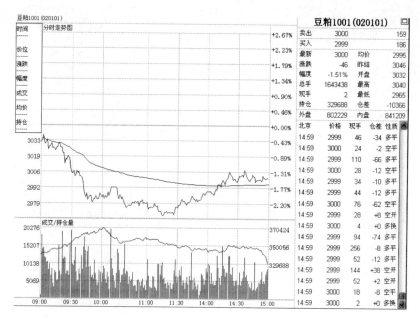

图1-14

以外，还应当考虑价格波动的安全性，由于豆粕1001合约连创新低空头力量较大，在正常情况下，对于做多操作而言，豆粕1001的安全性较低，而豆一1001合约的安全性则相应较高，因此，本着安全第一的原则，应当对豆一1001合约进行做多操作，而并非豆粕1001合约。

第六节　如何判断哪个品种最弱

Section 6

判断相关品种谁的走势更弱的方法与判断相关品种走势谁更加强劲的思路是一致的。下跌的强势同时还意味着多方的弱势，上涨的强势也意味着空方的弱势；同样，下跌的弱势意味着多方的强势，上涨的弱势意味着空方的强势。这些基本的强弱关系投资者需要熟练掌握。

判断相关品种谁的走势更弱对于做空操作而言有着重要的意义，因为只有对下跌弱势特征明显的品种进行做空操作才可以获取更大的收益。强者恒强，弱势品种的涨跌幅不可能超越强势品种。

价格波动时下跌的强势品种有以下特点：

1．下跌时，强势品种往往会形成率先创出新低的走势，而跟风品种创新低的时间则明显滞后；

2．下跌时，强势品种反弹的幅度往往会比较小，重要压力不会因为反弹而被突破，跟风品种则往往会形成较大幅度的反弹，压力较不明显；

3．价格上涨结束开始下跌时，强势品种在高点区间往往会出现无力再创新高的走势，空头弱势品种则有可能再创新高；

4．价格上涨结束开始下跌时，空头强势品种往往会率先跌破重要支撑位，而弱势品种的破位时间相应滞后。

豆粕1001合约

2009年6月2日走势图。（图1-15）

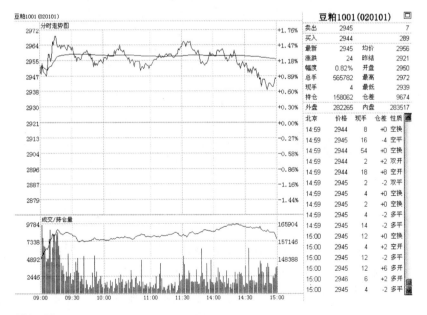

图1-15

分析要点（图1-15）：

1．豆粕1001合约开盘后价格略做上冲便形成了较长时间的箱体震荡走势，低点长时间未破位，而高点也长时间未形成突破，大趋势角度来讲，方向不明；

2．价格尾盘出现破位下跌的走势，但是破位走势并不干脆，显示空方力度并不是很大，因此并非做空的最好目标；

3．价格盘中整体波动的重心并未明显下移，基本上围绕均价线进行震荡。

豆一1001合约

2009年6月2日走势图。（图1-16）

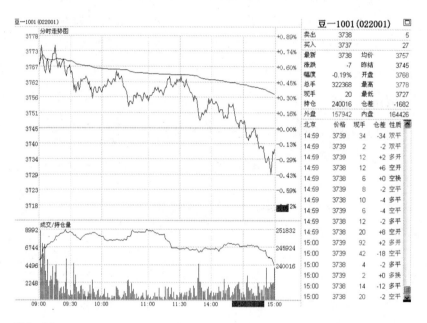

图1-16

分析要点（图1-16）：

1．豆一1001合约开盘后略做震荡便形成了下跌的走势，相比豆粕1001合约方向非常明确；

2．豆粕1001合约波动重心长时间围绕均价线上下震荡，而豆一1001合约波动重心则不断下移；

3．价格下跌过程中两次反弹均受到均价线强大的压力，分时线与均价线的关系与豆粕1001合约明显不同；

4．豆—1001合约波动过程中连创新低，价格走势明显弱于豆粕1001合约，因此在进行实战操作时，豆—1001合约是做空的最好目标。

沪铜0909合约

2009年6月9日走势图。（图1–17）

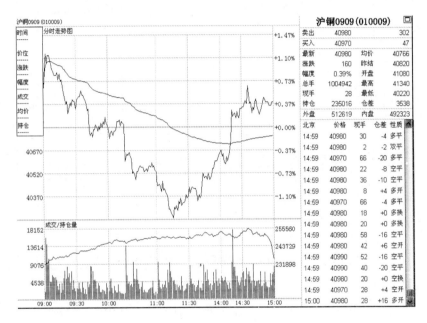

图1–17

分析要点（图1–17）：

1．沪铜0909合约开盘后略做上冲便开始了快速的回落，连接波动高点的下降趋势线非常标准；

2．价格下跌过程中，持仓量不断增加，阶段性波动中资金态度较为一致；

3．下跌过程中多头反弹无力，每一次破位都干脆利索，是非常典型的波段式下跌形态。

沪铝0909合约

2009年6月9日走势图。（图1-18）

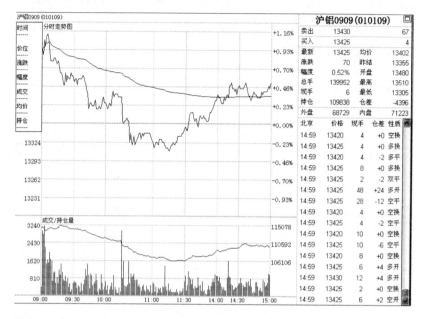

图1-18

分析要点（图1-18）：

1. 沪铝0909合约开盘价格相比沪铜0909开盘价格高，如果日K线级别处于下降趋势，通过开盘价格可以较大概率确定沪铝0909合约的下跌幅度将会小于沪铜0909合约；

2. 在沪铜0909合约价格盘中翻绿时，沪铝0909合约价格依然翻红，配合开盘价的对比，可以进一步明确沪铜0909合约弱势特征的明显；

3. 沪铜0909合约下跌时持仓量增加，沪铝0909合约下跌时持仓量减少，从持仓量变化来看，资金对沪铜的操作更加积极；

4. 从开盘至下跌低点，沪铜0909合约无论何时的跌幅都远大于沪铝0909合约；

5. 从开盘幅度、盘中具体涨跌幅度、价格谁先翻绿以及持仓量变化均可以得出沪铜0909合约具备明显的弱势特征（即下跌的强势、上涨的弱势），进行做空操作的目标应当是沪铜而非沪铝。

6．在价格形成反弹走势时，从安全角度来讲，应当对沪铝进行做多而非沪铜，虽然沪铜反弹的幅度大，但假如价格再度下跌，它对多单的伤害要更大。

第七节　经典做多持仓量变化

Section　7

持仓量的变化反映了已开仓未平仓的持仓数量，单从持仓量变化来讲，它反映的是持仓数量的减加与减少，多空双方的持仓数量是完全相等的，多方开仓对应空方开仓。结合价格的波动变化，持仓量数值的增减就具备了重要的意义。

价格在上涨过程中，如果持仓量减少，一般情况下说明资金做多态度不积极，逢高点多方获利出局，而空方逢高止损，这样的上涨往往并不太稳固。但如果在价格上涨时，持仓量随着放量明显数值增加，则说明资金对上涨的认可度较高，价格的上涨会有扎实的根基。虽然说多方开仓的同时空方也在开仓，但由于价格处于上涨状态，因此，多方的力度明显压过空方。

菜油0909合约

2009年4月23日走势图。（图1-19）

分析要点（图1-19）：

1．开盘后价格便出现快速上涨，当天整体趋势明显向上，同时均价线也坚挺上行，价格的震荡上涨形态非常经典；

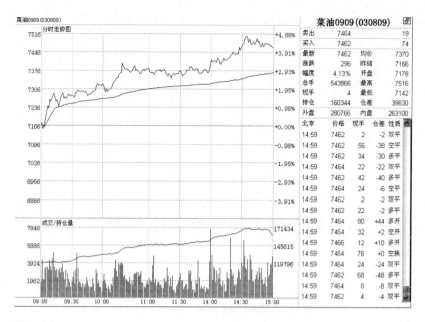

图1-19

2. 价格每一次上涨创新高，成交量均会配合放大，资金操作非常活跃，大量的资金入场交易才可以促使价格趋势的延续；

3. 价格在上涨过程中持仓量曲线也保持着上升状态，资金入场死不撒手，上涨非常可靠；

4. 在调整出现的时候，持仓量曲线依然保持着上升状态，这说明在调整过程中，开仓的数量依然大于平仓数量，只要没有大量平仓盘出现，上涨行情便会不断延续。

橡胶0911合约

2009年7月17日走势图。（图1-20）

分析要点（图1-20）：

1. 价格开盘后略经震荡便出现上涨，在价格突破盘中最高点时可以确立日内多头行情的开始；

2. 价格上涨时成交量连续放大，调整时持续萎缩，量价配合比较完美，只要上涨时成交量没有减少，价格便具备持续上涨的动力；

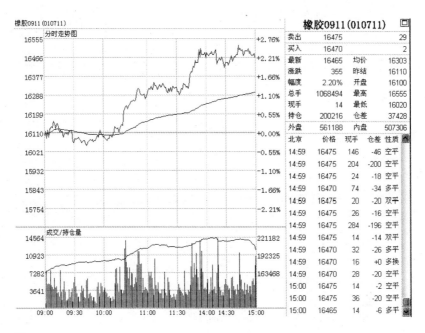

图1-20

3．在成交量放大的过程中，持仓量不断增加，显示价格的上涨引起了资金积极做多的兴趣，持仓量的增加提高了价格上涨的安全性；

4．在价格调整过程中，持仓量并未明显减少，结合分时线的强势横盘状态，价格进一步上涨的可能性非常大。

沪铝0911合约

2009年7月27日走势图。（图1-21）

分析要点（图1-21）：

1．价格盘中连续上行，每一次调整都以横盘形态完成，价格调而不跌，多头力度强大；

2．价格每一次上行，成交量均会保持放大状态，成交量不减小，价格的上涨动力十足；

3．无论价格是放量上涨，还是缩量调整，持仓量曲线均保持着连续上行的状态，做多资金积极开仓对未来价格继续保持强势可以提供支撑；

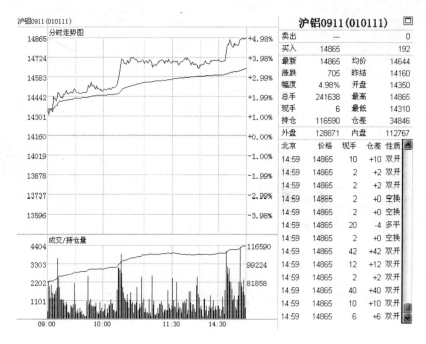

图1-21

4．在价格强势调整过程中，只要持仓量没有明显大幅减少迹象，便可以继续盘中持仓。

第八节　经典做空持仓量变化

Section 8

经典的持仓量变化形态虽然出现的次数并不是太多，但这是投资者在实战操作中必须要熟练掌握的，因为在经典持仓量变化形态出现时进行顺势操作，获利的概率和幅度都会比较大。无论是持仓量的变化还是分时或是K线形态的变化，对于经典的走势都必须要牢记于心并灵活运用，如果连经典的走势都无法快速地做出准确判断，又怎么可能在价格波动比较无序的情况下实现盈利？

　　经典的做空持仓量变化为：在价格形成明确下降趋势的情况下，持仓量曲线随着价格的下跌而不断上升，这种形态说明价格的下跌多是由于大量资金积极开空仓造成的，空方力度完全压倒多方。

棕榈1001合约

　　2009年6月18日走势图。（图1-22）

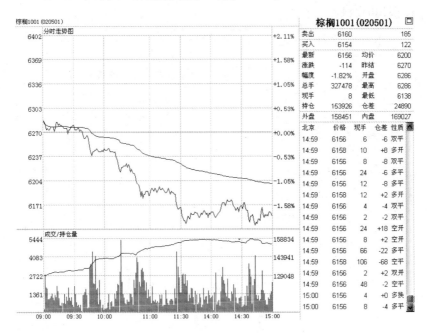

图1-22

　　分析要点（图1-22）：

　　1．价格上午开盘期间的下降趋势非常明显，连续高点所形成的下降趋势线非常标准，越是大力度的下跌，其波动形态往往越是简单；

　　2．价格下跌的过程中，第一次反弹出现时的上涨高度都非常有限，而每一次破位下跌的走势又非常干脆，这种经典的持续性下跌走势投资者要牢牢记住；

　　3．价格下跌时的成交量都会形成放大迹象，而反弹出现时成交量则会明显萎缩，下跌放量说明空方积极操作，反弹无量说明空方死不撒手，而多方不敢大量入场交易，空方占据绝对主动；

4．价格下跌过程中，持仓量曲线始终保持着上升的趋势，资金均看空后市，并不会因为盘中的低点而停止做空，当前低点对于未来的下跌来说都是相应的高点，持仓量数值没有反映大量资金平仓，价格的下跌便会不断延续。

棕榈1001合约

2009年7月2日走势图。（图1-23）

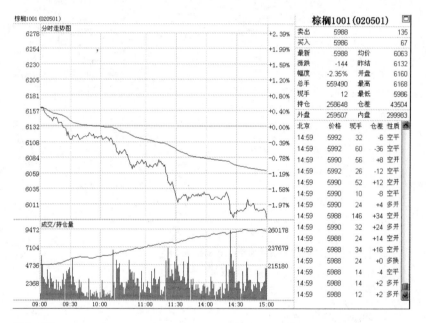

图1-23

分析要点（图1-23）：

1．开盘后价格便一路不回头地向下跌去，下跌形态非常简单，越是简单的波动形态，操作难度便越小，也就越容易实现盈利；

2．盘中所有的反弹具备同一特征——上涨无力，这说明多方丝毫无力与空方抗衡，反弹越无力越说明空方力量的强大；

3．每一次下跌均会引发成交量的放大，而每一次反弹成交量都会明显萎缩，当天的资金无意做多；

4．持仓量曲线在当天始终保持着上升的状态，就连尾盘也未见到投机性平仓盘的出现，空头资金持仓态度异常坚决，这预示着价格第二天继续下跌的概率极大。

沪锌0910合约

2009年7月13日走势图。（图1-24）

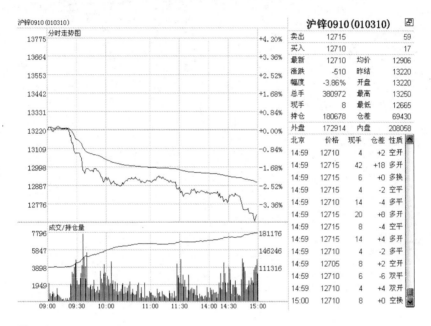

图1-24

分析要点（图1-24）：

1．价格开盘后略做震荡便破位向下，在趋势明确形成时应当顺势交易；

2．价格下跌过程中成交量持续放大，反弹时成交量明显萎缩，当天分时走势极适合积极做空；

3．在价格持续下跌过程中，持仓量不断增加，空方资金并未因为价格相对的低点而停止积极操作，这种价格明显下行、持仓量大幅增加的现象，往往会导致价格后期的继续下跌。

第二章

Chapter 2

期货投机分钟K线战法

进行日内投机性交易，除了要掌握常见的、经典的分时波动形态技术要点以外，还必须经常性地对分钟K线图的走势进行分析。有的日内交易者进行较大波段的操作，有的进行小波段的操作，因此，所使用的分钟K线的周期可能会有所差别。本章为大家讲解的全是一分钟K线图的分析方法，其他周期的分析方法与一分钟K线基本类似，并没有过多的差别。

由于在一分钟K线图中可以结合各种技术指标进行辅助分析，在某种程度上分析的准确性会比单纯使用分时技术要高一些。水平相对低一些的投资者在进行日内投机时更是要经常性地参考分钟K线的波动情况，以把握相对精确的买卖点。

第一节 首根K线应用方法

Section 1

首根K线是指某一品种开盘后在一分钟K线图中所形成的当天第一根K线。首根K线具有非常重要的分析意义，它是当天价格多空分水岭，它对后期的走势具备支撑和压力的作用。

同时，由于价格刚刚开盘，在分钟K线图中受到大幅高开或低开的影响，各种指标均容易在开盘时失真变形，可以参考的信息比较少，但是如果参考首根K线的提示，则可以在一定程度上判断价格开盘时的波动方向。

本节将为各位读者介绍首根K线的四大作用：

1．如何参考首根K线做多；

2．如何参考首根K线做空；

3．支撑作用；

4．压力作用。

◎ 参考首根K线做多

各期货品种经常会出现大幅高开或低开的现象，平开出现的次数较少。在价格大幅高开或低开的时候，有时还会继续上涨或下跌，有时的涨跌则是一步到位，这会对盘中的操作起到较大的干扰。价格大幅地高开或低点同时会使各项指标在开盘时处于失真状态，而指标的失真将会使投资者失去更多的参考。在这种情况下，首根K线就显得非常重要了。

有些品种较大幅度的波动会在早盘期间完成，对于这些早盘开始大幅上涨的品种，参考首根K线可以及时地把握住盈利的机会。

参考首根K线进行做多操作应注意以下事项：

1．首根K线形成后，价格必须在首根K线上方波动；

2．首根K线是阳线对于做多的促进作用最好，当然如果首根K线是阴线也没关系，只要价格可以快速地吃掉首根阴K线，则依然具备做多的参考价值；

3．依据首根K线进行做多操作失败后，应当在价格跌破首根K线时进行止损操作。

L 0907合约

2009年5月7日走势图。（图2—1）

图2—1

分析要点（图2-1）：

1．价格当天形成了较大幅度的波动，早盘期间的上涨是最简单的获利区间；

2．受到价格大幅高开的影响，MACD指标出现了明显的失真变化；

3．早开盘首根K线为阳线，略做震荡后价格创出新高，一旦突破首根K线就可以开仓做多；

4．高开意味着多头占优势，高开高走进一步体现了多方力度的强大，顺势做多获利的可能性较大。

豆油1001合约

2009年6月4日走势图。（图2-2）

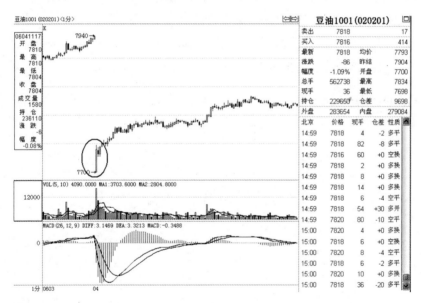

图2-2

分析要点（图2-2）：

1．价格出现大幅低开走势，但是低开以后却出现连续的上涨，此时操作应当服从日内多头趋势，不宜因为低开而做空；

2．价格首根K线为阳线，多方存在较大的反攻可能，如果后期价格继续上行并突破首根K线则可以开仓投机性做多；

3．开仓做多后如果价格出现回落，止损点为跌破首根K线处，一旦价格破位说明趋势会向下行，不宜再持有多仓；

4．无论价格是高开还是低开，这种方法均适用，日内投机需要更多地服从当天的盘中趋势。

棕榈1001合约

2009年6月4日走势图。（图2-3）

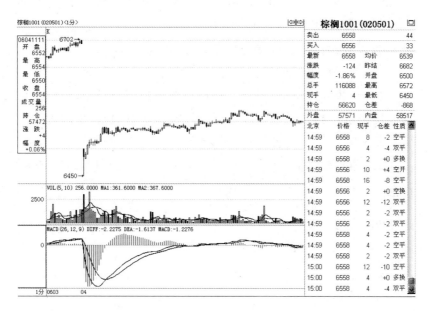

图2-3

分析要点（图2-3）：

1．价格大幅低开导致MACD指标明显失真，正常情况下，开盘后半小时各项指标的参考意义均不会太大；

2．首根K线为一根较长下影线的阴线，如果价格下行必然会破位，如果价格上行必然会突破，首根K线就是多空分水岭；

3．第三分钟时价格突破了首根K线，这说明后期上涨的概率较大，在突破点应当开多仓进行投机操作；

4．根据首根K线的向上突破方式开多仓属于绝对的投机行为，有所获利就应当平仓出局，除非当天做多气氛较重，否则不宜长时间持仓。

◎ 参考首根K线做空

价格开盘后向上突破首根K线，说明此时多方占据一定的优势，因此应当顺势做多。后期K线始终位于首根K线上方说明行情波动带有多头性质。但如果开盘后价格向下跌破首根K线，并且后期K线始终位于首根K线下方波动，则说明空头行情性质明显，此时应当顺势做空。

参考首根K线进行做空操作应注意以下事项：

1．首根K线形成后，价格必须位于首根K线下方波动；

2．首根K线是阴线对于做多的促进作用最好，当然如果首根K线是阳线也没关系，只要价格可以快速地向下跌破首根阳K线，就依然具备做空的参考价值；

3．依据首根K线进行做空操作失败后，当价格向上突破首根K线时应当进行止损操作。

沪铜0909合约

2009年6月15日走势图。（图2-4）

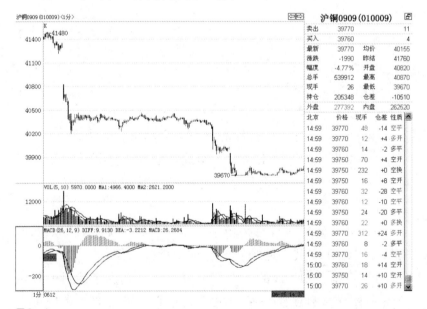

图2-4

分析要点（图2-4）：

1. 沪铜开盘形成低开状态，这使得MACD指标明显失真，K线形态不连续，指标的信号便要画一个问号；

2. 首根K线为阴线，这说明资金有一定做空的迹象，此时应当留意价格是否形成破位；

3. 第二分钟价格继续下跌，一旦后期价格跌破首根K线范围则可以顺势开空仓；

4. 首根K线的低点价格事先存在，因此空单的卖点可以提前确立。

棕榈1001合约

2009年6月15日走势图。（图2-5）

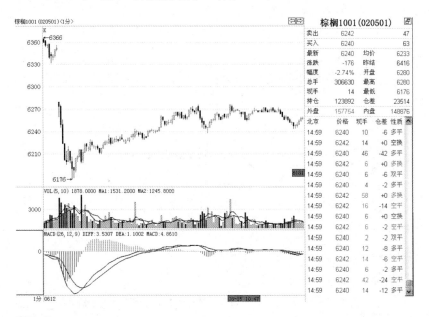

图2-5

分析要点（图2-5）：

1. 棕榈1001合约开盘的首根K线为一根带有较长下影线的阴线，此时的卖点有两处，一是下影线低点，二是收盘价，实际操作中以价格跌破下影线低点为更明显的破位；

2. 第二分钟价格快速跌破首根K线的收盘价以及下影

线，做空时机到来；

3．由于参考首根K线做空的方法属于绝对的投机行为，并非趋势性操作，所以获利预期不可设定过大；

4．盈利后具体平仓时，建议使用分批平仓的方式，特别是在价格仍然保持下降过程中，不宜整体平仓，分散平仓获利效果更好，当然在价格出现明显反弹走势时就需要整体平仓。

L 0909合约

2009年7月1日走势图。（图2-6）

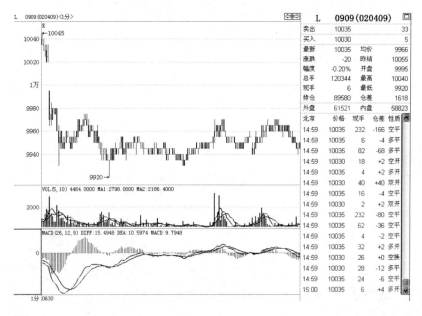

图2-6

分析要点（图2-6）：

1．价格开盘形成了一根阴线，随后几分钟小幅调整，由于价格没有形成向下破位或向上突破，所以此时应当暂且观望，等待方向的确定；

2．几分钟小幅反弹后，一根阴线再度出现，形成了破位走势，方向一旦确定就应当快速开仓做空，早盘期间价格波动往往较快，所以开仓时不要迟疑，只要做好止损保护便不会有太大风险；

3．价格下跌后虽然出现反弹，却受到了首根K线的压力，开空仓后，价格只要没有突破首根K线，便可以持有空单；

4．价格位于首根K线上方，应当寻找机会做多，价格位于首根K线下方，则应当择机做空。

◎ **首根K线的支撑作用**

首根K线可以视为当天的多空分水岭。无论这一天的价格是低开还是高开，只要后期的K线位于首根K线上方，做多的机会就会多一些；而如果后期的K线位于首根K线下方，投资者就应当寻找高点择机做空。

首根K线因为具备重要的意义，所以它对后期的价格波动会产生重大的支撑和压力的作用。如果当天的市场气氛偏多，就可以在价格上涨后回落到首根K线附近时开仓做多。

沪锌0909合约

2009年6月17日走势图。（图2-7）

图2-7

分析要点（图2-7）：

1．价格开盘后收出一根阳线，随后几分钟未形成破位向下迹象并向上突破首根K线，这种形态说明早盘期间可以于突破点做多；

2．上涨过后，价格出现震荡调整的走势，并形成回落状态，回落至首根K线开盘价处下跌结束，首根K线支撑作用体现；

3．价格于首根K线处一旦有企稳迹象，便可以择机进行投机性做多操作，开多仓后，如果价格并未真正企稳而是跌破首根K线，则应当进行止损操作。

PTA 0909合约

2009年6月18日走势图。（图2-8）

图2-8

分析要点（图2-8）：

1．开盘后价格突破首根K线并保持上攻状况，开盘期间具有投机性做多的盈利机会，对于开盘后的走势要密切关注首根K线和后期走势的变化，以便从中寻找开盘获利的良机；

2．短时间上冲结束以后，价格出现了回落的走势，但是在回落过程中，低点始终未跌破首根K线的支撑，K线长时间位于首根K线上方，正常的操作方法就是寻找合适的低点开仓做多；

3．从后期走势效果来看，首根K线对价格调整的三次低点均起到了强大的支撑作用，价格始终位于首根K线上方说明当天多方占据绝对的主动，所以不宜进行做空的操作，应当寻找机会低点做多。

沪铜0910合约

2009年6月30日走势图。（图2-9）

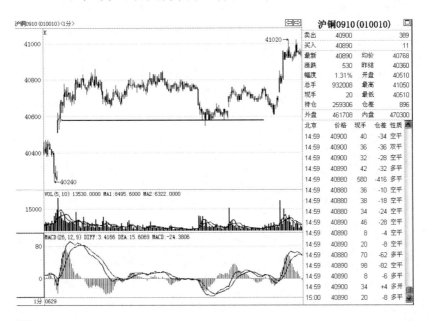

图2-9

分析要点（图2-9）：

1．价格开盘后由于K线始终位于首根K线上方，所以，早盘期间做多盈利的机会比较大；

2．午盘期间虽然价格出现回落，但是调整低点受到首根K线的强大支撑，从整体走势来看，当天做多的盈利概率远大于做空的盈利概率；

3．价格未跌破首根K线说明当天市场波动属于多头市场，价格位于首根K线下方则说明当天是空头市场；

4．价格受到首根K线支撑则应当进行做多操作，一旦价格明确跌破首根K线就意味着空方占据优势，此时应对多仓进行止损操作。

◎ 首根K线的压力作用

首根K线在价格上涨后回落到该区间时，会对下跌起到阻止作用，并对上涨起到促进作用。同样，当价格开盘后位于首根K线下方，并出现反弹到达首根K线区间时，将会对价格的上涨起到阻止作用，并对下跌起到促进的作用。

价格处于首根K线下方说明走势偏空，适于在高点处进行做空操作。如果价格要形成真正的上涨行情，必然会突破首根K线，但如果价格并未形成突破，那么，触及首根K线范围后就会形成回落的走势，所以，触及首根K线的高点区间可以视为做空点。

菜油1001合约

2009年6月2日走势图。（图2-10）

分析要点（图2-10）：

1．虽然首根K线是一根阳线，但价格随后快速地破位说明场中空头力量较大，后期的价格位于首根K线下方，投资者应当择机做空；

2．从当天整体市场来看，做空盈利的概率要大于做多盈利的概率，空头市场应当不断地找机会做空，而不要总想着再去操作反弹；

3．价格下午反弹到达首根K线范围处时，受到强大的压力，从而再次转为强劲的下跌，无法有力度突破首根K线的上涨是虚假的上涨，受到首根K线压力的上涨也必然会回落，从而带来新的做空盈利机会。

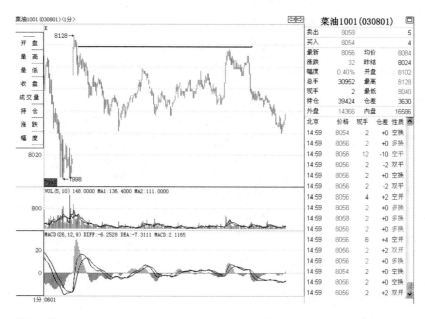

图 2-10

PTA 0909合约

2009年6月4日走势图。（图2-11）

图 2-11

分析要点（图2-11）：

1．开盘首根K线为一根阴线，此时需要结合最近几天的波动趋势分析，如果近期趋势向下，这种开盘往往还有继续下跌的空间；

2．开盘后价格小幅上涨，上涨至首根K线开盘价附近时受到压力停止上涨，此时可以投机性开仓做空；

3．如果价格并未向上突破首根K线开盘价，则可以继续持仓，如果价格放量突破首根K线，则应当进行止损操作；

4．价格位于首根K线上方，上涨的可能大一些，价格位于首根K线下方，继续下跌的概率较大，特别是反弹后又受到首根K线压力时，下跌概率会进一步加大。

沪铜0909合约

2009年6月9日走势图。（图2-12）

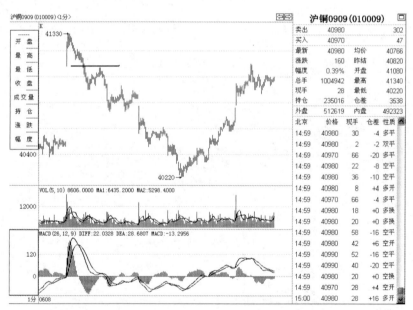

图2-12

分析要点（图2-12）：

1．价格开盘后略做上冲便出现了破位下跌的走势，波动重心一旦位于首根K线下方，真正的上涨行情就比较难出现；

2．价格在下跌过程中出现了一次小级别的反弹和一次大级别的反弹，这两次反弹的高点均受到了首根K线开盘价的强大压力，压力作用使得价格停止上涨并形成了不同程度的回落；

3．投资者如果在弱市状态下进行反弹操作，一旦价格到达首根K线重要的压力区间时，应当注意趋势的逆转；

4．首根K线具有三种压力形态：开盘价格、收盘价格以及首根K线的实体范围，首根K线的压力是一个区间性的概念，并非某个具体的价位；

5．首根K线的压力级别越大，价格波动的幅度也将会越大。

第二节　缩量阴线多单不放

Section 2

价格在上涨的过程中有两种基本形态。一种是快速的单边拉升，价格在上涨的时候会连续拉阳线，投资者持仓所受到的干扰非常少，很容易从低点一直持有到高点区间。另一种上涨形态是震荡形态，价格在上涨过程中会经常性地收出阴线，投资者在持仓过程中所受到的干扰较大，从低点持有到高点有一定的困难。

上涨形态越是单一，投资者实现盈利的概率也就越大。但是，价格在波动的过程中却经常出现阴阳交替的上涨形态，对于这种形态应当如何尽量过滤干扰呢？

正常情况下，价格形成上涨往往说明多方力量强大，在价格未上涨至目标位时，不会有大量的资金进行平仓交易，因此，上涨中途的成交量会始终保持稳定的状态：阳线温和放量，阴线明显缩量。只要这种完美的量能形态没有破坏，价格的上涨就很难停止，在上涨中途碰到缩量阴线的时候也应当继续持仓操作，直到完美的量价配合明显改变。

白糖1001合约

2009年6月2日走势图。（图2-13）

图2-13

分析要点（图2-13）：

1．价格在图中加速上涨的时候，每一根阳线成交量都会保持连续放大的状态，这说明资金做多的意愿非常强劲；

2．上涨途中出现调整阴线，阴线出现时成交量明显萎缩，这种量能显示多方未大量平仓，空仓未敢大胆介入；

3．对于震荡式的上涨不破布林线指标中轨一路持仓，对于快速上涨，K线不回归布林线指标之内继续持仓。

橡胶0909合约

2009年6月9日走势图。（图2-14）

分析要点（图2-14）：

1．价格快速下跌，而后上涨多方全部收复失地形成逆转走势，对于逆势走势的出现，要密切留意有可能出现的较大级别的波动；

2．价格在上涨过程中（图中圆圈处）出现了一次调整的

图2-14

走势，价格调整前的高点成交量比较稳定，这说明多方未在此高点处大量平仓，多方不撒手，价格会继续上涨；

3．调整区间成交量明显萎缩，进一步说明多方未撒手，同时，阴线萎缩的量能也说明空方无力反攻；

4．缩量阴线反映的是空方的态度，空方不发力，上升趋势便会延续，持仓时不宜过早出局。

PTA 0909合约

2009年6月9日走势图。（图2-15）

分析要点（图2-15）：

1．价格快速杀跌后形成V形反转走势，从图中走势来看，上升趋势线非常标准，并且整个上涨过程未有任何破坏上升趋势的现象出现；

2．随着上升趋势越来越明确，调整的阴线实体越来越小，阴线实体小说明空方力度弱，在空方没有任何反抗能力时，不宜平仓多单；

3．突破前期高点后价格虽然调整，但是阴线出现时的量

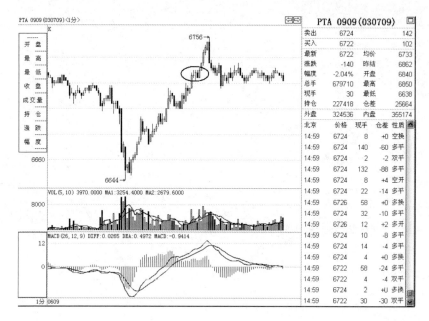

图2-15

能明显萎缩，一方面说明盘中没有大量平仓盘，一方面说明阴线的出现并非空方的主动反抗，而是多方的短暂休整；

4．缩量阴线多单不放，直到大实体阴线出现或是放量阴线出现时再择机平仓多单。

菜油1001合约

2009年6月9日走势图。（图2-16）

分析要点（图2-16）：

1．随着成交量的温和放大，价格突破后连续上涨，在阳线连续出现的时候，投资者千万不要过早平仓；

2．在价格上涨中途出现了一次横盘调整形态，在调整区间成交量快速萎缩，上涨放量调整缩量是完美的上涨量价配合，这种量价状况未改变，上升趋势便不会停止；

3．在后期上涨过程中，阴线经常出现，但在阶段性顶部之前出现的阴线始终保持着缩量的状态，缩量阴线在上涨途中出现一定要坚决持仓；

4．阶段性顶部区间，大实体阴线出现，同时阳线的量能

图2-16

明显不足，先前完美的量价配合变得混乱，此时应当择机平仓多单；

5．在完美量价状态中（上涨放量调整缩量）应当坚决持仓，在量价配合混乱时应当择机平仓，如此操作往往可以把握住大波段上涨带来的大幅盈利。

第三节　缩量阳线空单持有

Section　3

完美的上涨量价配合是：价格上涨成交量放大，价格调整成交量萎缩。在上涨过程中这种完美的量价配合没有任何变化的时候，应当一路做多。而完美的下跌量价配合是：价格下跌成交量放大，价格反弹成交量萎缩。只要这种量价配合不断延续，下跌行情便会一直进行下去。

价格下跌放量，说明空方资金积极地进行操作，资金认可当前的下跌纷纷入场操作，所以量能会在下跌时明显且连续地放大。下跌过后价格反弹时成交量萎缩，这说明空方资金没有平仓，而多方资金也不敢轻易与之对抗，下跌得到资金认可，上涨则没有资金参与，所以价格继续下跌的可能性将会很大。

沪铜0909合约

2009年6月9日走势图。（图2-17）

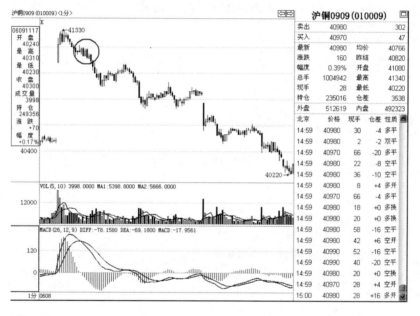

图2-17

分析要点（图2-17）：

1. 价格开盘后略做上冲便连续下跌并有效跌破首根K线，这说明当天的市场气氛有较大偏空的可能；

2. 在价格初期反弹时，成交量明显萎缩，逆向小趋势得不到量能的配合，当前的大趋势便会继续前行；

3. 价格后期下跌的过程中，每当出现反弹阳线，成交量基本上都形成萎缩状态，空方不松手，多方没有积极参与，价格很难形成逆转。

PTA 0909合约

2009年6月9日走势图。（图2-18）

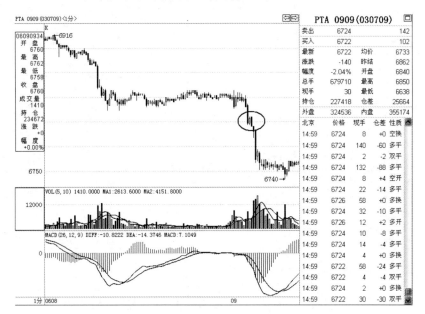

图2-18

分析要点（2-18）：

1．图中左侧出现一轮大幅杀跌走势，在下跌过程中，阴线对应的成交量明显连续放大，空方力度极为强大；

2．杀跌过后，价格窄幅震荡，成交量持续低迷，未见空方大量平仓迹象，同时也未见多方主动反攻迹象，量价配合依然对空方有利；

3．较长时间横盘过后，随着放量阴线的出现，价格继续快速回落，下跌途中的单根反弹阳线依然无量，这种无量单根阳线出现时，不必平仓，应耐心等待新的下跌出现。

沪锌0909合约

2009年6月2日走势图。（图2-19）

分析要点（图2-19）：

1．价格跳空高开后随之回落，第二分钟K线明确跌破首根K线，这意味着投机性做空机会的到来；

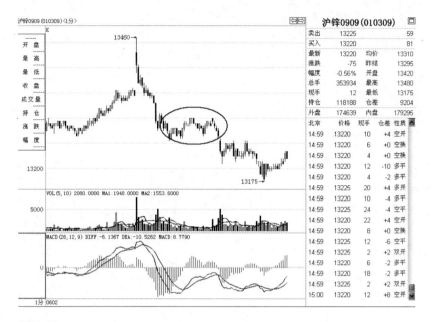

图2-19

2．在下跌过程中成交量基本上保持放大状态，下跌过后的反弹区间，成交量则是持续低迷，下跌放量而反弹无量，这是完美的下跌将会延续的信号；

3．在价格放量下跌的过程中要坚决持仓，在无量反弹的过程中，无论阳线是以什么形式出现，都可以继续坚定持仓，直到阴线无量而阳线放量后再考虑平仓。

黄金0912合约

2009年6月2日走势图。（图2-20）

分析要点（图2-20）：

1．价格开盘后略做震荡便开始下跌，一旦首根K线破位，投资者就应当保持空头思维；

2．下跌过程中阴线基本上都伴随着放量现象，而阳线则始终无量，直到价格下跌到低点区间阳线才有放量迹象，这个区间才适合考虑平掉空仓；

3．单边下跌时单根阳线无量是常见的持空仓信号，而整个震荡区间无量也是持空仓的信号，只不过K线形态在这个

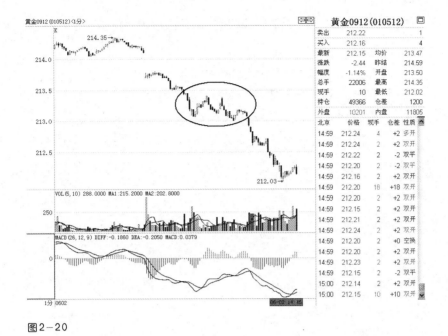

图2-20

区间会比较复杂，给投资者的持仓造成一定的干扰，因此应适当忽略K线的形态，而更多地关注成交量的变化，因为成交量形态就是资金的态度。

第四节　高抛低吸的操作

Section　4

　　价格的波动有三种基本形态：上涨、下跌和无方向的横盘震荡。横盘震荡虽然不像涨跌走势那样常见，但也会经常出现。横盘震荡走势由于价格波动没有任何方向可言，所以是一个很容易让投资者产生投机性亏损的区间。

　　横盘震荡有多种形式，有的是无任何盈利空间的窄幅震荡，有的是大箱体式的震荡，虽然价格有上下波动的空间，但是波动重心基本上在一条水平线上，这种宽幅震荡也称之为横盘。本节内容所讲解的高抛低吸的操作就是针对这种宽幅震荡而言的。

进行高抛低吸操作的注意事项：

1．参考指标为布林线指标，应用原理：布林线指标上轨的压力作用以及布林线指标下轨的支撑作用；

2．在进行操作前应当首先确定大方向的变化，根据大方向确定应当进行高开空仓低平仓操作，还是低开多仓高平仓操作。

橡胶0909合约

2009年6月9日走势图。（图2−21）

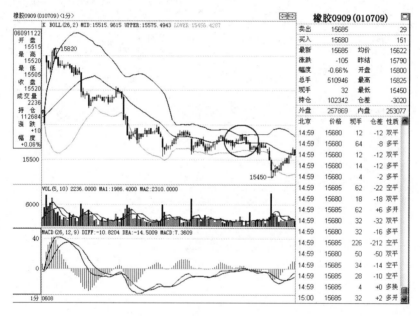

图2−21

分析要点（图2−21）：

1．进行高抛低吸操作首先要确定大方向，图中价格震荡前出现了一波下跌走势，可以确定大的方向向下，此时的操作应当是高抛低平；

2．当价格向上震荡触及布林线指标上轨时，可以开空仓，当价格回落至布林线指标下轨附近时平仓空单，盈利的幅度等于布林线指标上轨和下轨的宽度；

3．在价格宽幅震荡区间，要求成交量必须处于整体无量状态，如果成交量较大，那么这种方法不适合使用。

PVC 0909合约

2009年6月9日走势图。（图2－22）

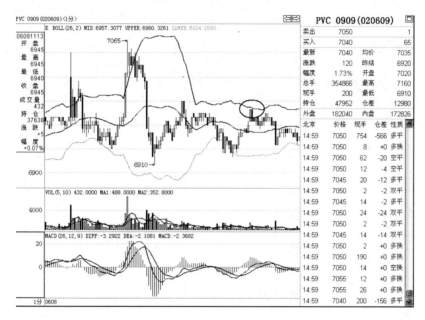

图2－22

分析要点（图2－22）：

1．价格宽幅震荡前出现了一波放量一跌走势，通过前期走势确定宽幅震荡区间的操作应当是高抛低平；

2．价格宽幅震荡区间成交量持续低迷，满足操作要求；

3．K线触及布林线指标上轨时开空仓，价格回落至布林线指标下轨时平空仓；

4．如果价格触及布林线指标上轨并在后期形成放量突破走势时，应当进行止损操作。

PTA 0909合约

2009年6月11日走势图。（图2－23）

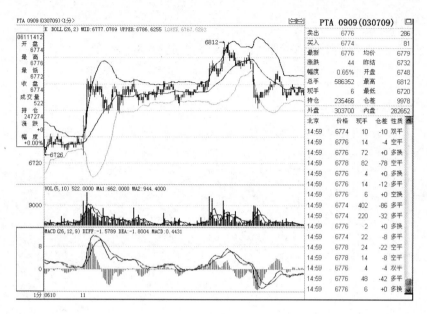

图2-23

分析要点（图2-23）：

1. 价格在震荡之前出现一波上涨走势，因此在宽幅震荡区间的操作应为低开高平；

2. 在宽幅震荡区间成交量整体保持萎缩状态，满足操作要求；

3. 波动时价格触及布林线指标下轨可开多仓，触及布林线指标上轨应平仓多单；

4. 开多仓后，如果价格放量跌破布林线指标下轨，应当进行止损操作。

豆一1001合约

2009年6月11日走势图。（图2-24）

分析要点（图2-24）：

1. 价格宽幅震荡前出现一波连续上涨的行情，由于大方向向上，因此宽幅震荡区间的操作就应当是低点开多仓、高点进行平仓；

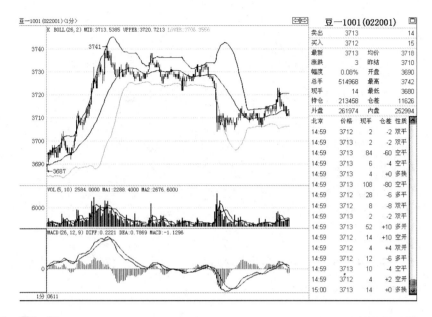

图2-24

2．价格震荡回落至布林线指标下轨附近时开多仓，触及或接近上轨时平掉多仓；

3．宽幅震荡区间成交量越是低迷，这种方法的成功概率也就越大；

4．价格的宽幅震荡并不会长时间保持，往往触及几次上轨与下轨后就会产生方向的变化，所以只适合操作第一次或第一次机会，价格第三次或更多次数触及布林线指标上轨或下轨时，需谨慎操作。

第五节　二次上拉买点操作

Section 5

价格正常的上涨往往会以上涨、调整再上涨的形态出现，除了那些突然性的快速上涨价格一步到位外，涨跌涨的形态会频繁地出现。根据价格上涨的这一特性，可以总结出一种上涨中途把握价格第二次上涨盈利机会的方法。

二次上升买点操作的注意事项：

1．当天整体市场气氛偏多，否则价格展开二次拉升的可能性会降低；

2．价格在第一波上涨后的调整区间成交量要求必须明显萎缩，并且高点也不能出现过分放量现象；

3．价格的调整最好以标准的横盘方式进行，如果价格以回落方式接触布林线指标中轨，就必须要求当前的市场气氛明显偏多；

4．第一波上涨的幅度不宜过大，否则价格的上涨一步到位将会影响二次拉升的幅度。

螺纹0909合约

2009年6月4日走势图。（图2-25）

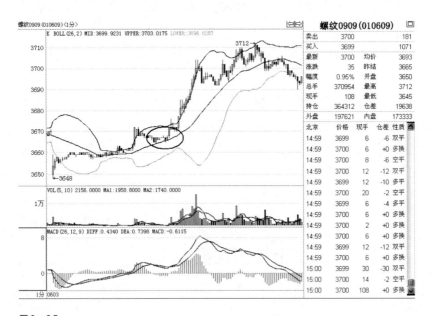

图2-25

分析要点（图2-25）：

1．价格开盘后的K线始终位于首根K线上方，这说明该品种当前的多头迹象比较明显，操作中应当顺势做多；

2．一波温和放量上涨过后出现调整，调整的低点受到布林线指标中轨强大的支撑，此时可以开多仓；

3．在价格调整区间成交量非常低迷，量能越低迷，价格后期继续上涨的可能性就越大；

4．经过一段时间缩量调整后，价格再度放量上涨，形成二次拉升走势。

PVC 0909合约

2009年6月8日走势图。（图2-26）

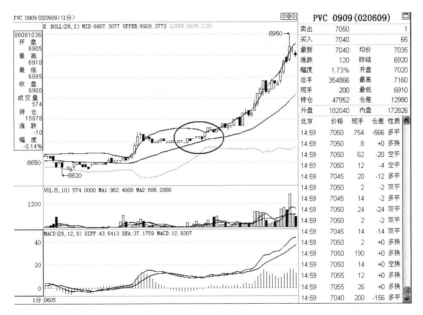

图2-26

分析要点（图2-26）：

1．价格第一波上涨的幅度相对较小，配合布林线指标的趋势来看，价格后期有进一步上涨的可能，第一波有限的上涨幅度可以为二次拉升提供足够的空间；

2．第一波上涨后价格形成标准的横盘方式，以横向震荡等待布林线指标中轨的靠近，这种走势是最为标准的二次拉升形态，投资者要加深印象；

3．价格接近布林线指标中轨时可以开多仓，或在价格突破第一波上涨高点时开仓也可以；

4．由于调整区间始终无量，所以很容易判断价格何时起涨，一旦出现放量现象，十有八九二次拉升将会展开。

籼稻0909合约

2009年6月9日走势图。（图2-27）

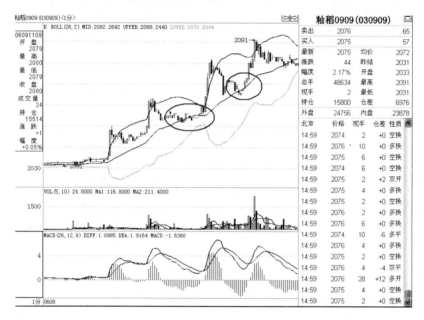

图2-27

分析要点（图2-27）：

1．价格在图中形成四次上涨的走势，每次上涨的技术特征都高度一致，布林线指标中轨发挥了巨大的支撑作用；

2．在价格调整的过程中，阴线的量能始终都比较小，调整量能越小越说明多方占据主动，价格进一步上涨的概率将会增加；

3．图中第一波上涨后的形态最为标准，价格的波动重心并未明显下降，后期的二次拉升形态均是以主动向下回落寻找布林线指标中轨支撑，这种走势下，只有在当天市场气氛明显偏多时才可以在布林线指标中轨处开多仓，如果当天气氛偏弱，则应谨慎操作；

　　4．投资者最初使用这种方法时，最好先寻找标准横盘形态的二次拉升练手，实战经验增多后，再对下跌形态的二次拉升进行操作；

　　5．二次拉升操作失败时，要在价格明确跌破布林线指标中轨时进行止损。

第六节　二次下跌卖点操作

Section 6

　　价格有二次拉升上涨的走势，便会对应有二次下跌走势。二次下跌走势与二次拉升的分析思路基本一致，其实将二次拉升的技术形态翻转过来就是二次下跌的技术形态。只不过在二次下跌走势中，以反弹形式向布林线指标中轨接近的现象较多，标准的横盘等待布林线指标中轨靠近并产生压力的现象较少。

　　二次下跌卖点操作的注意事项：

　　1．当天整体市场气氛偏空，市场状况偏多价格继续下跌的可能性将会降低；

　　2．价格在第一波下跌后的反弹区间成交量要求必须明显萎缩；

　　3．第一波下跌的幅度不宜过大，否则价格的下跌一步到位将会影响二次下跌的幅度。

沪锌0909合约

　　2009年6月15日走势图。（图2-28）

　　分析要点（图2-28）：

　　1．价格明确下跌的起点形成了明显的放量下跌走势，这宣告着多头行情的结束，破位现象的出现要求投资者应当择

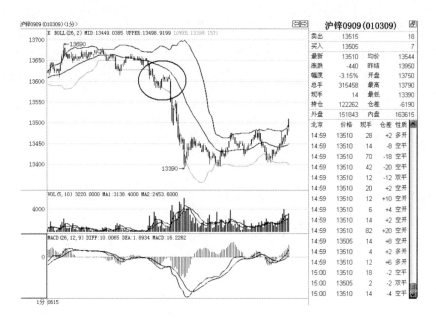

图2-28

机做空；

2．第一波放量下跌暂时结束后出现反弹走势，反弹区间成交量非常低迷，满足技术要求；

3．价格接近布林线指标中轨时可以开空仓进行操作，如果后期放量突破布林线指标中轨则应止损；

4．价格的反弹受到布林线指标中轨压力后，一波新的大力度下跌随之出现，二次下跌形态非常标准；

5．下跌的低点区间形成了宽幅震荡的走势，此区间应当如何操作？

螺纹0909合约

2009年6月15日走势图。（图2-29）

分析要点（图2-29）：

1．随着价格的连续回落，布林线指标中轨趋势明显向下，参考指标提示后期应当择机做空；

2．价格第一波下跌之后出现反弹，反弹区间阳线实体非常小，这说明多方无力，同时反弹区间成交量非常低迷，这

图2-29

种量价形态说明价格继续下跌的可能性很大；

3．在价格触及布林线指标中轨的时候，可以开空仓进行操作，或是在价格跌破第一波下跌低点的时候进行杀跌操作；

4．二次下跌走势出现后，投资者可以根据盈利的满意度或本章后面讲解的强势下跌平仓方法选择平空仓时机。

棕榈1001合约

2009年6月15日走势图。（图2-30）

分析要点（图2-30）：

1．价格高位震荡区间形成了高点不过的形态，布林线指标上轨压力巨大，此时应留意趋势的反转；

2．一波下跌后价格出现反弹，反弹区间量能明显萎缩，这意味着当前的上涨无力改变下跌趋势；

3．连续反弹后价格接近布林线指标中轨，此时可以开空仓迎接二次下跌的出现；

4．二次下跌的失败形态常见的有两种，一种是价格放量

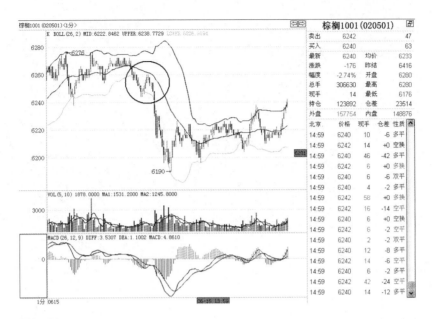

图2-30

突破布林线指标中轨，另一种是回落至第一波下跌低点处停止下跌，如果这两种形态出现都需要及时平仓出局。

第七节　震荡上涨的操作

Section 7

价格在上涨的过程中有三种形态：

1．快速地单一上涨（价格连续拉阳线，上涨形态非常简单）；

2．二次拉升式上涨（形成涨、跌、再涨的上涨形态）；

3．震荡上涨（价格上涨相对缓慢，并且震荡较多）。

这三种波动形态在价格上涨过程中会经常出现，单一的上涨形态操作起来比较容易，二次拉升的操作方法已为各位读者进行了讲解，本节将为大家讲解震荡上涨的操作方法。

价格能够连续上涨就必然会保持明显的多头状态，虽然会有震荡调整，但是调整的幅度并不会太大，如果调整幅度过深，就会增加价格后期继续上涨的可能性，而且对于调整较深的震荡上涨行情，也应当进行回避，尽量选择调整幅度较小的震荡上涨走势进行操作。

震荡上涨的操作应当注意以下事项：

1．上涨时价格是否可以持续位于布林线指标中轨上方，因为布林线指标中轨是多空分水岭；

2．价格震荡调整时，成交量是否可以保持萎缩，如果形成放量调整，则未来上涨的概率会减小。

沪铜0909合约

2009年6月9日走势图。（图2－31）

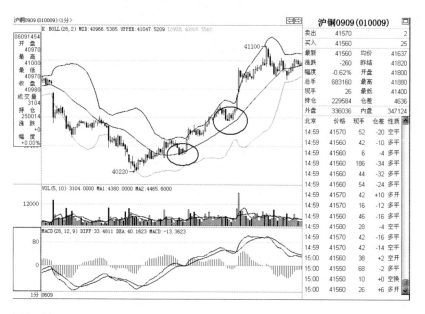

图2－31

分析要点（图2－31）：

1．价格下跌时K线始终位于布林线指标中轨下方，空头态度较为明显，此时应顺势做空，而在上涨行情确立后，K线始终位于布林线指标中轨上方，多头迹象明显；

2．在布林线指标中轨形成某个明确方向时，可以择机顺势操作，布林线指标中轨向上则做多，布林线指标中轨向下则做空；

3．在震荡上涨途中，价格调整回落至布林线指标中轨处时，可以开多仓操作，这是震荡上涨的经典买点所在；

4．买点位置符合顺势而为的思路，同时，买点位置由于处于调整低点，做多风险相对较小。

豆油1001合约

2009年6月23日走势图。（图2-32）

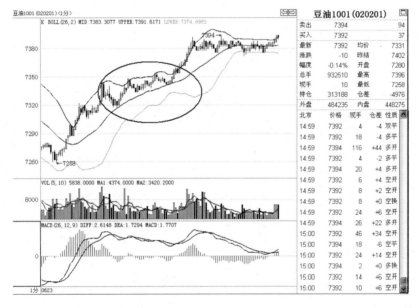

图2-32

分析要点（图2-32）：

1．价格在图中波动过程中，K线长时间位于布林线指标中轨之上，多头迹象非常明显；

2．上涨过程中阳线整体形成放量态势，而阴线基本上处于萎缩状态，量能状况符合做多要求；

3．价格图中形成震荡上涨态势，对于这种形态的上涨，可以在调整低点回落至布林线指标中轨处时开仓做多；

4．开多仓后如果价格跌破布林线指标中轨，则应择机止损出局，价格回落至布林线指标中轨下方说明波动有偏空迹象，不宜投机性持有多仓。

菜油1001合约

2009年6月23日走势图。（图2-33）

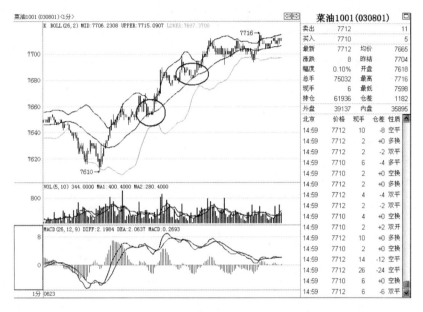

图2-33

分析要点（图2-33）：

1．价格下跌结束后形成翻转走势，在较短时间里完全收复失地，对于这种波动形态需要留意后期做多的机会；

2．价格在上涨过程中波动形态比较复杂，上涨调整交替出现，属于经典的震荡上涨形态，但是整体趋势涨多跌少；

3．在价格调整回落到布林线指标中轨附近时，可以开多仓投机性操作，特别是价格调整时成交量明显萎缩的情况下，如此开仓做多成功率更高；

4．对于震荡上涨形态的要求是：价格涨多跌少、具备明显强势特征，而在布林线指标中轨处开多仓操作，价格的波动全部满足技术要求，在顺势做多的同时，买点相对较低。

第八节　震荡下跌的操作

Section 8

　　价格的波动有震荡上涨形态，与此对应的就必然有震荡下跌形态。震荡下跌形态和震荡上涨形态其实是完全一致的，将震荡上涨形态反转过来就是震荡下跌形态，而震荡下跌形态反转过来也就是震荡上涨形态。

　　震荡下跌形态与震荡上涨形态唯一的不同之处就是成交量的要求有所不同。震荡上涨形态中要求价格上涨放量，调整无量；震荡下跌形态中要求价格下跌放量，反弹无量。

豆粕1001合约

　　2009年6月18日走势图。（图2-34）

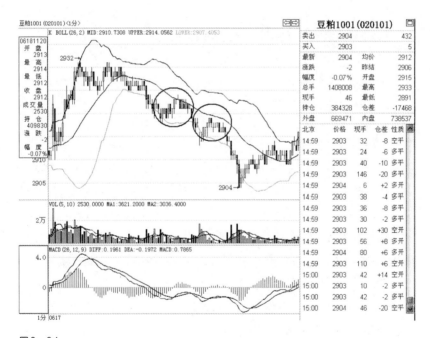

图2-34

　　分析要点（图2-34）：

　　1. 价格上涨结束后K线长时间位于布林线指标中轨下方，

这说明市场环境对空头有利，正确的操作是择机顺势做空；

2．价格下跌时，每当出现一定幅度回落便会随之出现反弹，跌二涨一的现象是震荡下跌形态最明显的技术特征；

3．当价格于下跌后出现无量反弹时，应于布林线指标中轨附近开空仓进行操作；

4．实际操作时不必死守布林线指标中轨的价格，在此价格基本上略有下浮开仓是正确的。

沪铜0909合约

2009年6月11日走势图。（图2-35）

图2-35

分析要点（图2-35）：

1．价格下跌过程中阴线始终保持放大状态，而阳线整体无量，量能状态符合做空要求；

2．价格下跌后出现震荡反弹，当K线接近（或靠近或接触）布林线指标中轨时可以开仓做空，此时反弹阳线的量能越小，价格后期下跌的概率越大；

3．布林线指标中轨处开空仓操作，一方面交易方向顺应价格趋势，另一方面开空仓的点位相对较高，投机性做空操作风险较小。

L 0909合约

2009年6月12日走势图。（图2-36）

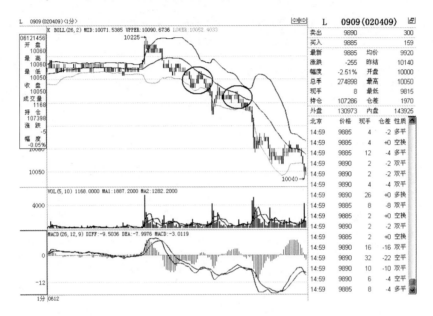

图2-36

分析要点（图2-36）：

1．价格冲高后开始连续回落，下跌过程中，每形成一定跌幅便出现反弹，这种下跌方式是震荡下跌的常见现象，实战操作与分析时需要密切结合布林线指标中轨以及成交量变化综合分析；

2．下跌途中的所有反弹区间阳线成交量都非常稀少，这说明多方无力，价格继续下跌的概率极大；

3．价格无量反弹至布林线指标中轨时，可以开空仓进行操作，在弱市状态下，价格触及压力往往很容易继续回落；

4．开仓做空后如果价格放量突破布林线指标中轨，则应投机性平空仓止损，或价格无法再创新低时，应进行投机性止赢操作。

第九节　强势上涨的平多单技巧

Section 9

　　当价格形成单一上涨形态后，投资者虽然可以在很短的时间内获得较大的收益，但随之而来的卖点把握又成了一个问题。笔者发现很多投资者在价格快速上涨途中总是会过早地进行卖出，而很难将低位建立的多仓持有到相对的高点区间。虽然说赚钱了什么时候卖出都是正确的，价格的上涨也有可能达到了投资者的预期，所以进行无技术理由的卖出并非错误的做法，但是，掌握一种方法尽量将价格卖在相对的高点区间，这也是非常必要的。

　　本节以及下节所讲解的平仓方式，只是针对价格快速且单一的涨跌形态，对于其他上涨或下跌形态则不适用。

豆油1001合约

　　2009年7月10日走势图。（图2-37）

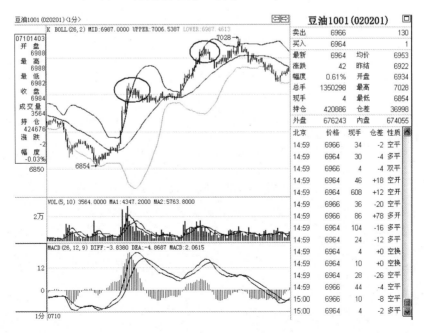

图2-37

分析要点（图2-37）：

1．价格下跌结束以后，在成交量放大的推动下出现了快速的上涨行情，只要成交量可以保持连续放大，价格的强势上涨往往不会停止；

2．在上涨过程中，K线始终位于布林线指标上轨之外，这是强势上涨形态的最明显特点；

3．如果价格持续位于布林线指标上轨之外，投资者应当坚决持仓，而一旦价格回缩到布林线指标上轨之内，则应投机性平仓或是减仓；

4．在价格回归到布林线指标上轨之内时进行平仓或减仓，虽不能卖在价格绝对的高点，但对应的区间往往是价格绝对的高点区间。

PVC 0909合约

2009年7月10日走势图。（图2-38）

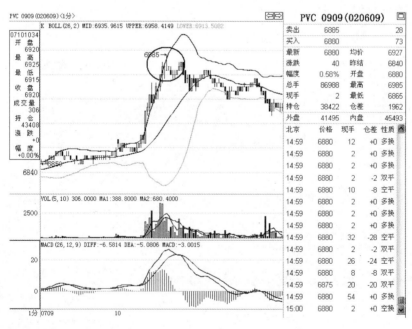

图2-38

分析要点（图2-38）：

1．价格在上涨过程中成交量持续放大，资金做多积极性很高，成交量不萎缩，价格的强势上攻便不会停止；

2．整个上涨过程中，K线始终位于布林线指标上轨之外，强势上涨迹象异常明显；

3．强势上涨特征的改变是以价格回归到布林线指标上轨之内为信号的，因此，当K线回归到布林线指标上轨之内时应当择机减仓或平仓；

4．K线由布林线指标上轨之外回落到布林线指标上轨之内，说明极强势上涨特征转为一般上涨特征，极强势特征的消失容易使价格产生反向波动，所以应当减仓或平仓。

豆粕1001合约

2009年7月10日走势图。（图2－39）

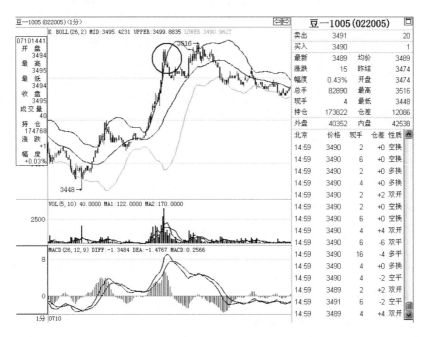

图2－39

分析要点（图2－39）：

1．价格上涨时成交量持续放大，并且K线始终位于布林线指标上轨之外，面对这种量价配合必须坚决持仓；

2．价格将要形成高点的技术特征为：成交量虽然放大，却创下上涨过程中的最大量，此时应当做好随时减仓或平仓的准备；

3．价格如果是以阴线方式回归到布林线指标上轨之内，则应平仓，如果是以小实体阳线方式回归到布林线指标上轨之内，则应进行减仓操作，而后视具体走势择机平仓。

第十节　强势下跌的平空单技巧

Section 10

价格形成单一强势下跌形态后，价格一旦见底，往往会形成快速的反弹，或是连续的震荡上涨形态，无论哪种上涨形态出现，对于空方而言都是不利的，因此，在价格的低点区间必须要择机平仓或减仓。

对于一般形式的下跌，低点特点相对复杂，而对于强势下跌形态，低点区间的判断就会相对容易一些。强势下跌后的低点区间往往有以下技术特征：

1．价格回归到布林线指标下轨之内；

2．成交量创下下跌以来的最大量，并且随后一分钟缩量明显。

根据这两种技术特征，便可以总结出强势下跌后的平仓方法。

螺纹0909合约

2009年6月23日走势图。（图2-40）

分析要点（图2-40）：

1．价格在快速下跌过程中，阴线连续放量，阳线则明显缩量，放量下跌现象不变，价格下跌便不会停止；

2．下跌过程中，K线始终位于布林线指标下轨之外，这是强势下跌最独特的技术特征；

图2-40

3．在价格下跌的低点一旦形成明显巨量，同时K线回归到布林线指标下轨之内，则应投机性平仓空单，或减持空单；

4．从图中走势来看，价格回归到布林线指标下轨之内后出现了连续的震荡反弹，如不平仓会削减空方利润。

橡胶0911合约

2009年7月2日走势图。（图2-41）

分析要点（图2-41）：

1．价格在下跌过程中，震荡下跌与单边快速下跌交替出现，投资者如果进行趋势性操作，则应从整体趋势的量价配合入手进行分析制定操作策略，如果进行投机性操作，则须对价格波动的每一个细点进行关注滚动操作；

2．价格单一下跌过程中成交量连续放大，并且阴线连续出现，基本的观点是不见阳线不撒手；

3．图中案例下跌低点量能有所变化，最低点未见明显巨量现象，此时平仓应当更多关注K线是否回归到布林线指标

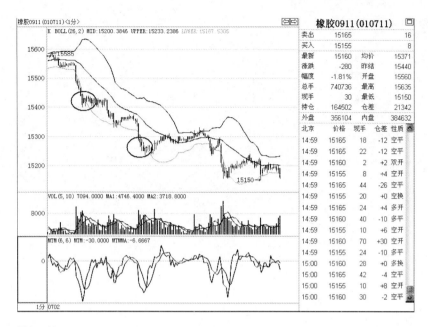

图2-41

下轨之内；

4．无论低点量能是否放大，价格回归到布林线指标下轨之内都是单边下跌投机性平仓的首要理由。

L 0909合约

2009年7月8日走势图。（图2-42）

分析要点（图2-42）：

1．价格下跌的初期形成了震荡下跌的形态，此时应当在布林线指标中轨处开仓，只要价格可以持续创新低，就可以继续持仓；

2．下跌末期价格快速下跌，K线位于布林线指标之外，只要K线不回归到布林线指标下轨之内，快速的下跌行情便不会逆转；

3．下跌低点见到巨量后应当做好平仓或减仓准备，一旦价格回归到布林线指标下轨之内便要及时平仓；

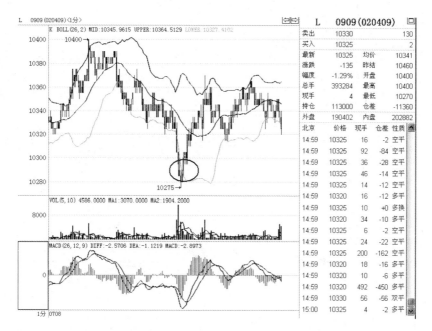

图2-42

4. 如果在价格回归到布林线指标下轨之内时不进行平仓或减仓操作，价格后期的反弹必然大幅削减做空利润，强势下跌特征的消失将很容易引发价格的反向波动。

第三章

一阳绝技——一阳锁套利

第一节　一阳锁套利是什么？

Section　1

　　提起套利，很多投资者并不陌生，有一些投资者还以此为主要投资方式。但提起一阳锁套利很多朋友就比较陌生了。那么，一阳锁套利是什么呢？

　　一阳锁套利是建立在传统套利方法上，融入了投机技术的一种综合性套利方法。它既保留了传统套利的安全性，又增加了投机的灵活性。

　　传统套利是在相关品种或同一品种不同交割月份合约出现异常价差时进行的一种交易行为，能否获利取决于价差是否合理以及价差的差异程度，差异越大盈利空间也就越大。但是，这会带来一个问题，价差处于什么状况才是不合理的？对于这点，不要说普通投资者，就是职业的分析人员也很难分辨清楚。受行情因素、经济环境、天气情况以及一些意外事件影响，不同时期的价差都会有所差异。同时，在正常情况下，相关品种或同一品种不同交割月份合约的价差基本上都是正常的，出现异常的时候很少。就算投资者知道如何准确地判断价差合理与否，光是等待这个机会的出现就不知何年何月了。所以，笔者认为传统套利对于普通投资者来讲，如果不接触现货，运用起来较为复杂。

　　一阳锁套利则不去判断价差的变化，进行一阳锁套利能否盈利取决于相关品种或同一品种不同交割月份合约间的涨跌幅差。请大家牢记：一阳锁套利关注的是涨跌幅差！

　　相关品种或同一品种不同交割月份合约具有价格波动高度的相关性，也就是说在一天内或近期价格会在盘中出现同涨同跌的现象。打一个比方，比如大豆上涨了，豆粕往往也会随之上涨；豆油上涨了，棕榈和菜油往往也会上涨。虽然具有同涨同跌的特性，但是，相关品种或同一品种不同交割月份合约的涨跌幅却极少会完全相同。比如，大豆和豆粕同时上涨，大豆可能上涨了1.5%，而豆粕可能只上涨了1%，涨跌幅出现了0.5%的差异。而涨跌幅的差异就是一阳锁套利获利的空间，涨跌幅差异越大，进行一阳锁套利获利的幅度也就越大。

笔者未在已出版的期货类书籍中见到相同内容的讲解，也未在网络上看到相似内容的讲解，这种新的套利方法虽不见得是笔者发明的，但却是笔者公开提出的，故此，笔者申请"版权"将这个方法以自己的笔名命名。这种套利方法有两把锁，一把盈利锁，一把保护锁，这两把锁有可能会随着价格的变化相互转换，也就是说盈利锁可能会转变成保护锁，保护锁也可能会转变成盈利锁；可以根据行情的变化随时打开保护锁，打开后也可以随时再锁上保护锁。故此，称之为"一阳锁套利"。

虽然一阳锁套利讲解起来感觉技术上有些复杂，但其实所涉及的技术并不难，只要各位读者认真阅读，就可以明白其中的奥妙。更何况我们的网站以及UC聊天室中每天都会有相关知识的培训，大家不用担心学不会。

◎ **一阳锁的相关名词解释**

盈利锁：如果方向是向上的，对于涨幅较大或是上涨强势明显的品种开多仓交易，以期后期上涨过程中用较大的涨幅盈利抵消空单的亏损，并实现净收益的多单持仓；如果方向是向下的，对于跌幅较大或是下跌强势特征明显的品种开空仓交易，以期后期下跌过程中用较大的跌幅盈利抵消多单的亏损，并实现净收益的空单持仓。因为在平仓后，盈利是由这笔持仓产生的，所以将这笔持仓称为盈利锁。盈利锁除非平仓，否则不会随意开锁。换言之，能够产生盈利的持仓就是盈利锁。

保护锁：如果方向是向上的，对于涨幅较小或是上涨强势特征并不明显的品种开空仓交易，以防止价格突然出现跳水而使盈利锁持仓出现亏损。由于在上涨过程中它的弱势特征明显，所以一旦下跌，该品种的跌幅会大于盈利锁，该笔持仓所起的作用是保护与防范风险，因此可称为保护锁。如果方向是向下的，对于跌幅较小的品种开多仓交易，以防止价格突然出现上涨。由于它在下跌过程中跌幅较小，所以意味着一旦上涨，它的涨幅会超过盈利锁，从而对做空的盈利锁起到保护与防范风险的作用，因此将该笔持仓也可称为保护锁。保护锁会根据市场明确的波动方向随时开锁，使一阳锁套利转变成投机，使利润最大化。换言之，保护锁就是交易过程中产生亏损的持仓，盈利锁较多的利润减去保护锁亏损的利润就是一阳锁套利的最终净利润。

盈利锁与保护锁互换：出现在价格的走势与预期不符的情况下，认为应当上涨的行情却出现了下跌，或应当下跌的行情出现了上涨。在价格上涨时，原来开多仓的盈利锁因为价格下跌出现了亏损，而开空仓的保护锁因为价格下跌出现了盈利，此时，原来做多的盈利锁因为亏损的出现变成了保护锁，而原来起保护作用的保护锁因为实现了盈利转变为盈利锁。在价格下跌时，方法亦然。总之，创造盈利的持仓就是盈利锁，产生亏损的持仓就是保护锁，盈利锁的盈利幅度大于保护锁的亏损幅度就是成功的一阳锁套利。

一阳锁套利有一些固定的知识点，通过本书的讲解大家就可掌握。但一阳锁套利还涉及一些变动的知识点，一阳锁套利的研究成果也处于不断更新之中，这就需要每天进行总结。这些总结的内容每天都会发表在www.tzsd168.com或www.tzsd168.com/bbs中，欢迎大家经常性地进行交流。同时笔者每天还会在呱呱聊天室中为各位期友进行免费语音培训，具体的培训时间及参加方式请见网站公告。

第二节　一阳锁套利的特点

Section　2

1．与传统套利交易相比，一阳锁套利的最大特点就是：每天都有套利的机会。

运用一阳锁套利可以日内完成套利，也可以持隔夜仓，机会远远多于传统套利，甚至一天会有多次套利的机会。传统的套利要等到相关品种价差达到一定程度后才可以套利，而一阳锁套利由于价格每天都有波动，并且相关品种每天都有涨跌幅度不同的波动，因此每天都有交易机会。从这一点来讲，它具备一定的投机成分。但如果与投资交易相比，一阳锁套利的机会则要少很多。一天之内可进行投机交易的次数非常多，但一阳锁套利按笔者的经验每天不会超过四次。从交易机会以及获利幅度的角度来讲：投机＞一阳锁套利＞传统套利。

2．与投机交易相比风险较小（风险市场中绝对不可能无风险存在），但同时利润率也较小，日内进行一阳锁套利交易每天可以实现1%～5%的正常利润率，较为常见的盈利幅度为投入资金的2%左右。

朋友们，不要认为这1%～5%的利润不起眼，如果每天赚1%，一年可以赚多少，您可以自己算一下。有多少利润率就有多大的亏损率，就算是操作失败，相信这样的亏损幅度大家都能受得住，相比单纯的投机风险小得多。但是，当明确的方向形成时，进行一阳锁套利交易收益率相比投机就要低很多了，毕竟风险大收益高，风险小收益低，风险与收益是成正比的。

3．与投资相比完全可以重仓持有。

站在投机的角度，用资金的一半进行交易是要冒较大风险的，相信很多进行投机交易的投资者很少会全仓进行操作，就算全仓也只能做做日内交易而不敢全仓隔夜。但是进行一阳锁套利每天都可以满仓操作，一半资金投资于A品种，一半资金投资于B品种，持起仓来也放心得多，因为无论涨跌都有另一半方向相反的持仓控制着风险。就算是出现异常的连续涨跌停板，因为另一半的反方向也在涨跌停板时盈利，所以本金并不会有太大的风险，更何况一阳锁套利多进行的是日内交易，更不用担心持仓过重的问题。

4．适合各种资金量投资者，特别是喜欢进行稳健操作的投资者。

5．在方向明确时，可以开锁交易，由套利交易转变成投机交易，或在开锁后对波动方向判断不明确时再上锁继续进行一阳锁套利交易。有别于传统套利，一阳锁套利中结合投机，以争取利润最大化。

6．与传统套利的知识相比学起来更简单。

传统套利研究正向市场、反向市场、牛市套利、熊市套利、买入套利、卖出套利、价差走强、价差走弱等，对于年纪大一些的朋友来说，学着学着就搞糊涂了。而一阳锁套利就非常容易学，即价格上涨时进行做多套利，利用涨得多的品种盈利，利用涨得少的品种保护；价格下跌时进行做空套利，利用跌得多的品种盈利，利用跌得少的品种保护。一阳锁套利的实际效果不用计算，只要查看交易软件的盈亏提示就可以了。

7．与传统套利相比，一阳锁套利的介入点的把握相对简单。

传统套利注重的是相关品种价差的变化，当不合理价格出现后便可以交易，但如何判断什么时候价差才不合理却是非常困难的事情。一阳锁套利则是在价格涨跌幅出现差异时介入，而判断价格涨跌幅差异要比判断价差合理与否更为容易。

总之，一阳锁套利获利机会较多并且操作难度较小的特点，相信未来将会有许多投资者将这种新型的套利模式作为主要的盈利手段，也希望更多的朋友一起交流，把这种方法用精用好。

第三节　一阳锁套利的基本要求

进行一阳锁套利时的基本要求与传统套利大致一样，只不过在开仓和平仓时因为加入了投机技术，所以略有区别。进行一阳锁套利时的基本要求是绝对不可改变的铁律，一旦改变将完全改变操作的性质。

1．品种相关。

之所以要求品种相关，是因为不相关的品种其趋势方向不会相同。比如大豆和铜，它们之间的相关性就很低，虽然在整体涨跌行情出现时都会同方向波动，但彼此无论从哪个层面讲相关性都不高；而大豆和豆粕、豆油相关性高，铜则和铝、锌的相关性高。所以，大家在进行一阳锁套利交易时，切记一定要注意品种间的相关性，必须要求高度相关，绝不能降低标准！

2．方向相反。

套利交易是在开一个多头仓位的同时开一个空头仓位，因为价格具有高度相关性，所以会在同一时间一起涨跌，只不过涨跌的幅度有大有小而已，正是由于涨跌幅度的不同才提供了套利的机会。如果对相关品种要做多一起做多，要做空一起做空，那就不是套利交易而是投机操作了。方向相反才可以在价格涨跌幅度不同时创造套利的盈利机会。

3．盈亏相同或相当。

进行一阳锁套利开仓的时候，相关品种不同的价格以及不同的保证金比例都会影响开仓的数量，投资者不要认为对相关品种各开一手就是一阳锁套利，这是完全不正确的。正确的一阳锁套利开仓后，相关品种每波动一个价格单位，要求两个品种的盈亏应当完全一致或是基本接近。假设：买入锌1手，价格波动一个单位盈亏为100元，卖出1手铝，价格波动一个单位盈亏为200元，在进行一阳锁套利交易时，开仓的比例就应该是锌2铝1，只有这样，价格波动时的盈亏才可以完全相抵，否则会削弱一阳锁套利的结果。

以正确的比例对两个相关品种一多一空开仓后，价格波动一个单位，所产生的盈亏必然完全一致，一方的盈利完全可以弥补另一方的亏损，这样才可以在价格波动出现涨跌幅差异时实现一阳锁套利盈利。

在实际交易过程中，投资者需要适当留意保证金比例的变化，以便准确地计算相关品种开仓的具体数量。如果无法计算，最简单的方法就是：相关品种各开1手方向相反的持仓，价格波动一个单位后查看一下盈亏情况，然后根据盈亏情况计算出应当开仓的比例。

在开仓时应当先对价格较高的品种进行开仓，然后再对价格较低的品种进行开仓。假设：大豆与豆粕的开仓比例为1：1，10元资金可以全仓买入50手大豆卖出70手豆粕，如果您先卖出35手豆粕，余下的资金就不可能买入35手大豆了；但如果先开25手大豆多单，余下的资金就完全可以卖出25手豆粕。

4．开平仓时间一致。

如果开仓时间不一致，就会使先介入的仓位处于风险之中，如果是多仓，只有价格上涨才可以盈利，价格一跌就要亏损，无论涨跌都没有保护锁的保护，这就成了投机。只有同时开仓，才可以保证无论涨跌都会有与之相对的合约进行保护。同时平仓也是为了避免风险暴露在外，不过当趋势非常明显时，可以率先将反方向的持仓进行平仓操作，将一阳锁套利转为投机，这样可以扩大收益。一阳锁套利转投机只能在趋势单一的情况下进行，趋势不明确时切不可随意打开保护锁。

5．月份一致。

相关的品种确定后，其月份必须相同，比如做大豆与豆粕，要求必须是同一月份的，这样相关性才高。如果大豆是7月的，豆粕是其他月份的，它们之间的相关性就低一些了。

所以，月份必须一致，这也是一条铁律。

6．同为主力合约。

主力合约就是所有合约月份中成交量最大的那个月，非主力合约由于成交量小，所以价格波动呆滞，而只有主力合约的分时走势才比较流畅。所以，在确定了月份一致的相关品种后，必须要求这两个目标同为主力合约，否则一个品种成交非常活跃而另一个品种成交呆滞，这将会有亏损的可能。

以上一阳锁套利的基本要求除了第4、5、6可以根据目标品种的具体走势灵活变动外，其他事项均不可改变，否则就不能称之为一阳锁套利。对于刚刚接触一阳锁套利方法的投资者来说，在实战交易时最好同时进行开平仓交易，等待操作水平有所提高后，再融入投机技巧进行一阳锁套利，以此提高收益。

第四节 一阳锁套利的形式

Section 4

结合传统套利来看，一阳锁套利有两种形式，一种是跨商品套利，另一种是跨期套利。无论是哪种形式，一阳锁套利都与传统套利有着本质上的区别，即一阳锁套利是利用每天相关品种的涨跌幅差进行的套利行为。

一阳锁跨商品套利，是指对相关性较高的品种进行套利，比如铜、铝、锌，大豆、豆粕、豆油、菜油、棕榈油。这些品种相关性较高，无论是其日K线的大趋势，还是其分时图中的走势，往往具有方向一致的特性，只有在方向一致的基础上才会存在较为明显的涨跌幅差，从而为进行一阳锁套利提供交易的机会。

跨商品套利是一阳锁套利的主要获利方式，基本上每天都存在交易的机会。

一阳锁跨期套利，是指对同一品种不同交割月份合约进行套利。同一品种价格的趋势更为接近，极少出现反方向波动的现象，趋势的确认比较简单，并且在下单交易时，开仓数量也比较容易计算。

一阳锁跨期套利的盈利空间非常小，因为同一品种日内涨跌幅差异较小。所以，在跨商品套利有明显获利机会的时候，应当避免进行一阳锁的跨期套利，除非跨商品套利没有较好的盈利空间，或是跨期套利的目标对象涨跌幅差明显增大时，才可以将跨期套利作为主要的获利方式。一阳锁跨期套利是一阳锁跨商品套利的替补。

为什么一阳锁不经常对同一品种不同月份间的合约进行套利交易呢？首先，每个品种的主力合约只有一个，除非是主力合约交替的那段日子，否则只有主力合约的成交量才是最大的，而其他月份合约成交量都比较小，对于大资金量投资者来说难以顺利同时开仓，而进行跨商品套利则不存在这个问题，同是主力合约，在价格没有快速波动的情况下，不存在难成交的问题，同时，非主力合约由于成交较少，经常会有挂单断档的现象出现，比如最低卖单为1000元，最高买单可能是990或是995之类的挂单，而并非正常的999元，如果这样进行套利交易的话，买卖起来的成本就不沾光了。其次，根据上面的结论，在买卖价格存在断档并受到成交量制约的情况下，对同一品种不同月份合约的套利就困难了，如果介入数量多，能否及时全部成交都是问题，这必然会影响套利的效果。所以，同一品种不同月份的合约，只有在原主力合约将退潮、新主力合约正在形成时，才会出现两个月份合约成交都比较活跃的现象，这就需要花时间等待。并且随着时间的推移，原主力合约的成交量将会越来越小，而主力合约的成交量会越来越大，这种现象的出现也将影响套利的结果。

第五节　一阳锁套利的理论依据

Section　5

　　一阳锁套利的理论依据有两种，一种是在价格正常波动时的常态价格波动规律（强者恒强），一种是在价格出现变盘时的反常态价格波动规律（强者双强）。

◎　**强者恒强：**

　　在价格处于正常趋势波动状态下，涨得多的品种往往会持续形成较大的涨幅，并带领相关品种跟风上涨，在一轮行情中，领涨的品种是板块中涨幅最大的品种，而跟风的品种无论是整体涨幅还是单日涨幅都无法超越领涨品种。在价格下跌过程中，跌得多的品种往往会持续性地领跌，成为该板块的空头主力，并带领其他品种下跌，无论是一轮行情还是单日行情，它的跌幅都是最大的，而跟风品种的跌幅都会较小。

　　涨得多的品种在价格出现调整时，往往回落的幅度比较小，并且无论是上涨还是调整，强势特征都不会改变。而涨得少的品种在价格调整时，回落的幅度往往比较大。简单言之，涨得多的领涨品种具备涨多跌少的特征，而涨得少的品种具备涨少跌多的特征。涨得多的品种多头力量强大，空方难以与之对抗，而涨得少的品种空方很容易反攻。

　　跌得多的品种在价格出现反弹时，反弹的幅度往往比较小，形成跌多涨少的特征。而跌得少的品种出现反弹时，反弹幅度往往比较大，形成跌少涨多的特征。跌得多的品种空方力量强大，多方无力与之抗衡，跌得少的品种多方很容易反击成功。

　　在此基础上，进行一阳锁做多套利时，应当对涨得多的品种开多仓，对涨得少的品种开空仓；进行一阳锁做空套利时，应当对跌得多的品种开空仓，对跌得少的品种开多仓。

◎ **强者双强：**

在价格处于变盘（也就是价格将于此区间形成反向的完全逆转走势）的时候，常会出现强者双强的特点，也就是双边龙头的走势。此时价格的波动规律会出现很大的变化，最明显的技术特征就是：在价格将由上涨转为下跌时，涨得多的品种在价格下跌时成为跌得多的品种，涨得少的品种在价格下跌时形成跌得少的品种。涨得多的品种无论是上涨还是下跌都起到了龙头带动作用，而涨得少的品种无论是上涨还是下跌都在跟风。在价格将由下跌转为上涨时，跌得多的品种往往会成为涨得多的品种，而跌得少的品种在价格上涨时会形成涨幅较小的品种。跌得多的由下跌强势转为上涨强势，跌得少的由下跌跟风转为上涨跟风。

强者双强现象不会经常出现，多在变盘时才会形成，在趋势明确后，强者双强现象就演变成强者恒强。

在此基础上，进行一阳锁做多套利时，应当对涨得多的品种开空仓，对涨得少的品种开多仓。进行一阳锁做空套利时，应当对跌得多的品种开多仓，对跌得少的品种开空仓。

在单一趋势下，强者恒强的现象会持续出现，在变盘时期强者双强的现象也会出现。不过，趋势的反转很少在一两天内完成，所以在价格进入到变盘区间时，强者恒强与强者双强的现象有可能交替出现，此时会增加一阳锁套利的难度，这就需要投资者结合开锁技术来防范风险以及提高收益。

第六节　一阳锁套利技术——
　　　相关品种的强弱确定

Section 6

对相关品种进行一阳锁套利的前提，是需要投资者首先判断出目标品种的强弱关系。在价格上涨时判断哪个品种可能会形成领涨走势，形成较大的涨幅，哪个品种会形成跟风上涨的走势；在价格下跌时判断哪个品种会形成领跌的走势，形成较大的跌幅，哪个品种会形成跟风下跌的走势。对于领涨做多的强势应开多仓，对于跟风品种应开空仓；对于领跌的品种应开空仓，对于跟风下跌的品种应开多仓。

只有两个相关品种形成明显的强弱区别，才可能存在较大的涨跌幅差异，从而带来一阳锁套利的盈利机会。对于相关品种的强弱确定，常用的方法为：从日K线形态确定、从开盘幅度确定、从实时走势中的涨跌幅确定。下面一一为大家介绍这三种确定相关品种强弱的方法。

◎ 从日K线形态确定相关品种的强弱关系

在价格处于上升趋势的时候，两个相关品种中多头力量最强大的往往会出现这样的技术特征：价格最早突破调整高点，或价格最接近前期高点。

棕榈1001合约

2009年4月3日走势图。（图3-1）

图3-1

棕榈1001合约见底后形成了上涨的走势，初期上涨过程中出现一次调整形态，此时可以将调整的高点视为参照，哪个品种后期可以率先突破调整高点，就可以确立哪个品种为上涨的龙头。

2009年4月3日棕榈1001合约（图3-1）形成了对调整高点的突破，此时可以查看相关度较高的品种，看其K线形态是否也形成了突破，以此进行对比。

豆油1001合约

2009年4月3日走势图。（图3-2）

图3-2

豆油1001合约和棕榈1001合约在同期形成了调整的高点，但在2009年4月3日这一天（图3-2），豆油1001合约并未突破前期的高点。从K线形态进行对比，可以看出棕榈1001合约的强势特征非常明确。

从日K线形态来看，如果进行一阳锁做多套利，应当对棕榈1001合约开多仓，对豆油1001合约开空仓。随着价格后期的上涨，棕榈1001合约的涨幅明显大于豆油1001合约，从而实现一阳锁套利盈利。

棕榈1001合约

2009年7月7日走势图。（图3-3）

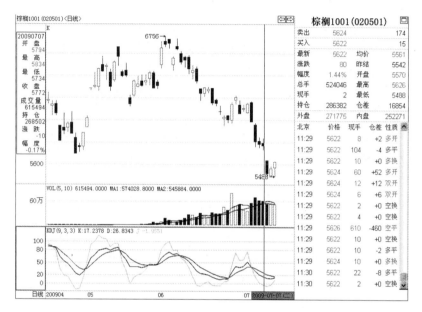

图3-3

棕榈1001合约在2009年7月7日（图3-3）破位下跌后连续收出两根阴星K线，并且价格逼近新低，由于此时趋势向下，因此应当继续保持做空。

无论是进行一阳锁套利操作，还是进行投机操作，本着利润最大化的角度出发，都应当确立相关品种的强弱关系，并对上涨或下跌强势特征明显的品种进行交易，只有这样收益才可以最大化。

棕榈1001合约的K线形态应当与相关品种进行对比，以此确定谁的空头状态更为明显。

菜油1001合约

2009年7月7日走势图。（图3-4）

菜油1001合约在2007年7月7日（图3-4）同样收出了两

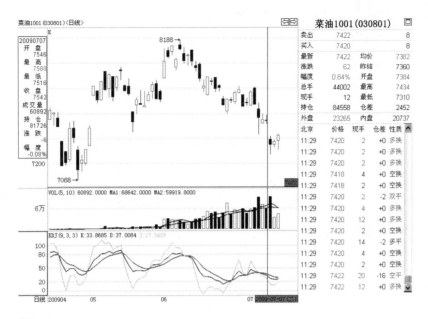

图3-4

根星K线，但是对比棕榈1001合约的走势来看，价格距离新低较远，并且两根星K线并未形成实质性的下跌。相对于棕榈1001合约，菜油1001合约下跌的强势特征并不明显。

　　进行一阳锁套利操作，应当对棕榈1001合约进行做空，而对菜油1001合约进行做多。因为棕榈1001合约下跌的强势特征明显，属于领跌品种，未来的下跌幅度会较大。而菜油1001合约下跌的强势特征并不明显，属于跟风下跌，未来下跌的幅度相比棕榈1001合约较小。

◎ 从开盘幅度确定相关品种的强弱关系

　　价格在正常波动下，根据开盘幅度的高低可以很容易地确定出相关品种的强弱关系，并且准确性较大。当然，在某些时候也会存在一定的失误，补救的方法就是利用平掉不利持仓的方式，将套利转投机进行操作，或是通过实盘中具体的走势进一步加以区别。

　　在价格上涨过程中，涨幅较大的往往开盘幅度较高，跟风上涨的品种其开盘幅度往往相对较低。在价格下跌过程中，跌幅较大的品种往往低开幅度较大，而跟风下跌的品种其低开幅度往往较小。

豆油1001合约

2009年7月1日走势图。（图3－5）

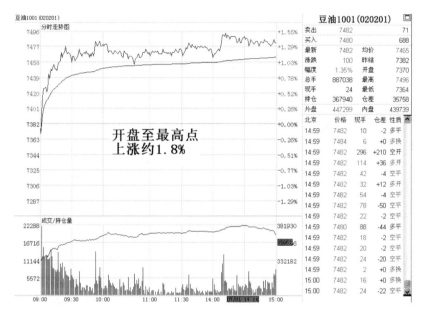

图3－5

豆油1001合约在2009年7月1日（图3－5）形成低开走势，不过低开的幅度比较小。开盘价格确立后，投资者应当把针对豆油相关性较高的品种进行开盘价的对比，以此初步确定彼此间的强弱关系。与豆油相关性较高的品种为菜油与棕榈。

豆油1001合约自开盘到盘中最高点，上涨幅度约为1.8%。

棕榈1001合约

2009年7月1日走势图。（图3－6）

棕榈1001合约2009年7月1日（图3－6）价格出现低开走

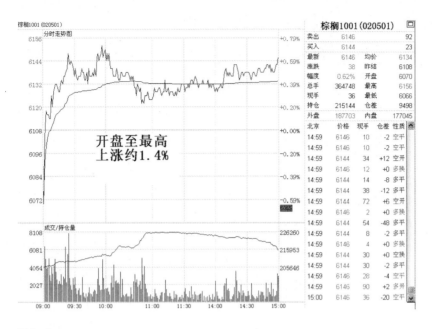

棕榈1001 (020501)

卖出	6146		92
买入	6144		23
最新	6146	均价	6134
涨跌	38	昨结	6108
幅度	0.62%	开盘	6070
总手	364748	最高	6156
现手	36	最低	6066
持仓	215144	仓差	9498
外盘	187703	内盘	177045

北京	价格	现手	仓差	性质
14:59	6146	10	-2	空平
14:59	6146	10	-2	空平
14:59	6144	34	+12	空开
14:59	6146	12	+0	多换
14:59	6146	14	-8	多平
14:59	6144	38	-12	多平
14:59	6144	72	+6	空开
14:59	6146	2	+0	多换
14:59	6146	54	-48	多平
14:59	6144	8	-2	多平
14:59	6146	4	+0	多换
14:59	6144	30	+0	空换
14:59	6144	30	-2	多平
14:59	6146	28	-4	空平
14:59	6146	90	+2	空开
15:00	6146	36	-20	空平

开盘至最高
上涨约1.4%

图3-6

势，低开的幅度远远大于豆油1001合约。而且价格自开盘到盘中最高点，上涨幅度约为1.4%，与豆油相比，上涨的幅度较小，二者存在明显的涨幅差异，因此存在明显的一阳锁套利机会。

通过开盘价格对比可以确定豆油具有强于棕榈的多头迹象，而棕榈具有强于豆油的空头迹象。因此，应当对豆油开多仓，对棕榈开空仓。

豆油1001合约

2009年7月17日走势图。（图3-7）

豆油1001合约在2009年7月17日（图3-7）形成震荡小幅上涨的形态。如果价格处于反弹或是上升趋势，在开盘的时候，一定要注意对比开盘幅度，以此确定板块中的强弱关系。

这一天豆油1001合约开盘小幅高开0.06%。

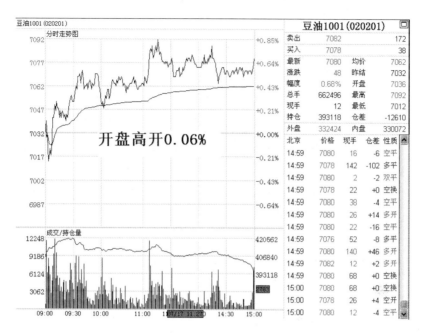

图3-7

菜油1001合约

2009年7月17日走势图。（图3-8）

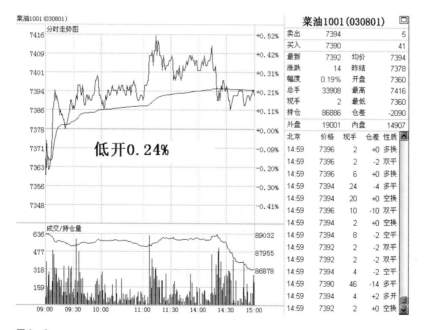

图3-8

菜油1001合约在2009年7月17日（图3-8）低开0.24%，相对豆油1001合约的开盘较低。由于两个品种这一时期处于反弹状态，因此通过开盘的幅度可以初步确定：豆油1001合约在这一天的多头强势特征会超过菜油1001合约，并且豆油1001合约的上涨幅度也将大于菜油1001合约。

通过开盘幅度确定出相关品种的强势关系后，就可以将上涨强势明显的品种作为重点的目标对象，无论是进行一阳锁套利交易，还是进行投机交易，通过开盘走势来看，对豆油1001合约开多单的可能性都远大于菜油1001合约。

◎ 从实时走势确定相关品种的强弱关系

对相关品种的强势关系进行确定的时候，首先应当对日K线形态进行分析，而后对开盘幅度进行分析，最后再结合实时的走势进行确认。通过实时走势确定出的相关品种的强弱关系比较可靠，并且这也是一种更加常用的区分方式。

实时走势确定相关品种的强弱关系所采用的方法与日K线图中的确定方法基本类似，如果将实时走势看成是日K线图的波动形态，或将日K线图的波动形态看成是实时走势，那么，对这两种形态变化所采用的分析方法就完全一致了。

豆粕1001合约

2009年7月10日走势图。（图3-9）

豆粕1001合约2009年7月10日（图3-9）开盘后形成了下跌的走势，早盘期间进行绝对的投机操作应当顺势做空。经过一段时间下跌后，价格突然发力放量上涨，并且创出新高。在价格有了较为明显的异常波动时，应当将相关品种的走势进行对比，以此确定后期哪个品种有可能形成较大的上涨幅度。

通过实时走势对比相关品种的强弱，往往对其重要高点及低点进行更多关注，通过同一时期的位置变化进行分析。

图3-9

豆一1001合约

2009年7月10日走势图。（图3-10）

图3-10

豆一1001合约2009年7月10日（图3-10）在同一时间随豆粕1001合约同方向波动。在豆粕1001合约创出盘中新高的时候，豆一1001合约的价格却并未创出盘中的新高。此时对比两个品种的走势可以明显地看出，豆粕1001合约的多头强势特征更加明显。在正常情况下，豆粕1001合约后期一旦形成上涨走势，其涨幅必然会超过豆一1001合约。

在尾盘期间，豆粕1001合约形成了箱体震荡的走势，而豆一1001合约则是形成了震荡下跌的形态。由于豆粕1001合约的多头强势明显，因此应当开多仓，而对豆一1001合约应开空仓。如此进行一阳锁套利交易，豆粕1001合约尾盘虽未形成上涨，但由于豆一1001合约形成了下跌，因此照样可以实现盈利。

沪铝0910合约

2009年7月17日走势图。（图3-11）

沪铝0910合约在2009年7月17日（图3-11）开盘后形成了震荡下行的走势，实时走势的波动特征为：至上午收盘，

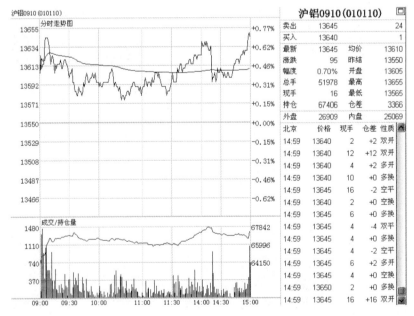

图3-11

分时线长时间位于均价线下方，虽然低点并未明确破位，但三个低点基本处于相同的位置。

下午的实时走势特点为：上涨突破均价线，其上涨高点并未突破早盘期间的高点，小节开盘后价格再次跌破均价线，而后尾盘出现上涨，至收盘突破早盘高点的幅度较小。

沪锌0910合约

2009年7月17日走势图。（图3-12）

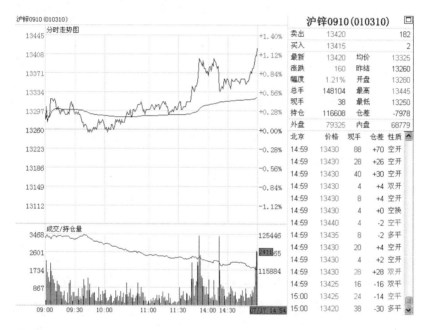

图3-12

相比沪铝0910合约，沪锌0910合约在2009年7月17日（图3-12）上午的走势特点为：价格开盘后虽然震荡下行，但分时线位于均价线下方和位于均价线上方的时间基本一致，下跌至昨结算价附近时，低点有连续抬高迹象。

下午走势特点为：开盘后的上涨明确突破早盘期间的高点，小节后价格虽然回落，但依然位于均价线上方，至收盘价格突破早盘高点的幅度较大。

经过对比可以明确判断出沪锌0910合约做多的力度远大

于沪铝0910合约，进行一阳锁套利应当对沪锌0910合约开多仓，而对沪铝0910合约开空仓。

第七节　一阳锁套利技术——
选择有利的结算价开仓

Section 7

一阳锁套利交易可以进行单纯的日内套利，也可以进行持仓隔夜或是日K线级别的波段套利交易。进行日内套利操作不存在选择有利结算价的问题，但如果进行持仓隔夜或是日K线级别的波段套利交易，就必须在下单时注意当前价格与结算价的关系。

如果进行持仓隔夜或是日K线级别的波段套利交易，在盘中下单并结算后，就按当天结算价计算盈亏，如果产生了较大比例的亏损，那么该笔套利日后获利的难度将会增加，因为价格的波动需要先弥补开仓日的结算亏损，而后才能实现盈利，这样就要求相关品种的涨跌幅差异要进一步扩大。如果当天结算后，持仓可以略有盈利，那么进行持仓隔夜或是日K线级别的波段套利交易就占据了一定的主动，更容易实现盈利。

选择有利的持仓价不仅可以扩大盈利，还可以把风险控制在较小的范围内。最低的要求也是当天结算后要求二个相关品种基本上没有什么亏损，否则当天的开仓位置就是错误的。

棕榈1001合约

2009年7月10日走势图。（图3-13）

棕榈1001合约在2009年7月10日（图3-13）中午收盘时，分时线与均价线（也就是动态的结算价）有1%的差异。

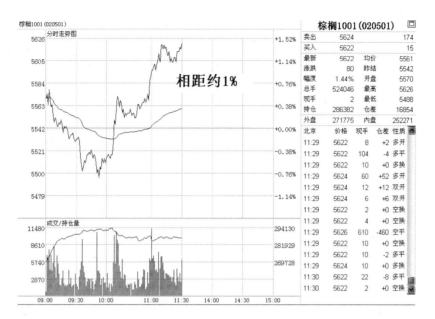

图3-13

　　假设在这一时刻进行一阳锁套利交易并对棕榈开多仓，那么要求做空的品种此时的价格也应当距离均价线有1%的幅度。

菜油1001合约

　　2009年7月10日走势图。（图3-14）

　　菜油1001合约在2009年7月10日（图3-14）中午收盘时，分时线和均价线有0.5%的差距。

　　由于棕榈1001合约具有明显的强势特征，而菜油1001合约跟风上涨，因此应对棕榈1001合约开仓做多，而对菜油1001合约开仓做空。

　　假设在中午收盘时进行一阳锁套利交易，很显然，介入位是错误的。假设中午的收盘为当日收盘，结算后，棕榈1001合约亏损1%，菜油1001合约盈利0.5%，亏损大于盈利，第二天两个品种的涨跌幅只有大于0.5%才可以弥补亏损并产生盈利，无形中降低了获利的可能性。

　　因为两个品种是高度相关的，所以价格将会同涨同跌，

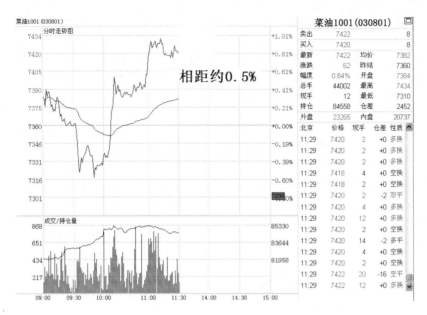

图3-14

因此，波动稳定的均价线不可能在下午出现超过0.5%的波动差异。除非菜油1001合约大幅上涨并超过棕榈1001合约，但如果菜油1001合约大幅上涨，按正常的走势来讲，第二天菜油1001合约将会延续强势，又会导致当天菜油1001合约的空单造成较大亏损；虽然棕榈1001合约也会上涨，便涨幅不能超越菜油1001合约，盈亏相抵依然亏损。

由此可以看到，在两个相关品种当前价格距离均价线有较大差异的时候开仓进行一阳锁套利，由于结算价不占任何优势，因此降低了获利的可能性，同时增大了持仓隔夜的风险。

豆粕1001合约

2009年7月10日走势图。（图3-15）

豆粕1001合约2009年7月10日（图3-15）开盘后震荡下行，而后价格形成突然的逆转，由于豆粕1001合约走势相比豆一1001合约具有明显的强势，因此应当对豆粕1001合约开多仓。

图3-15

　　如果认为明天或是未来几天价格依然有上涨的可能，那么就可以继续持仓而不必盘中平仓。价格上涨后出现调整，此时价格距离均价线非常近，这是很好的下单时机。

豆一1001合约

　　2009年7月10日走势图。（图3-16）

　　豆一1001合约2009年7月10日（图3-16）的分时形态和豆粕1001合约非常相近。价格上冲后出现调整，分时线距离均价线非常近，在同一时间两个相关品种都靠近均价线，这是难得的一阳锁套利下单时机。

　　由于两个相关品种下单的时机都在均价线附近，所以当天持仓隔夜的风险将会非常小。两个品种上涨，由于豆粕1001合约上涨强势明显，至收盘均价线的位置必然高于开仓位，从而实现盈利。豆一1001合约虽然也会上涨，但由于上涨强势并不明显，所以涨幅较小，均价线离空仓开仓点的距离并不会太远。当天结算不说是否有盈利，至少不会亏损。

图3-16

　　如果价格下跌，正常情况下，豆粕1001合约的跌幅会小于豆一1001合约，因此，至收盘结算，豆粕1001合约虽然会产生亏损，但是豆一1001合约结算带来的收益可以完全弥补豆粕1001合约所产生的结算亏损，从而占据结算价的主动地位。

沪铜0910合约

　　2009年7月16日走势图。（图3-17）

　　沪铜0910合约2009年7月16日（图3-17）盘中如果从涨跌幅角度判断，它比沪锌的涨幅要大，假设未来价格可以继续上涨，则应当对沪铜0910合约开多仓。

　　从盘中的走势来看，对沪铜0910合约开多仓后，如果价格后期没有明显大幅波动，均价线保持平稳状态，结算后将实现微幅盈利。

沪锌0910合约

　　2009年7月16日走势图。（图3-18）

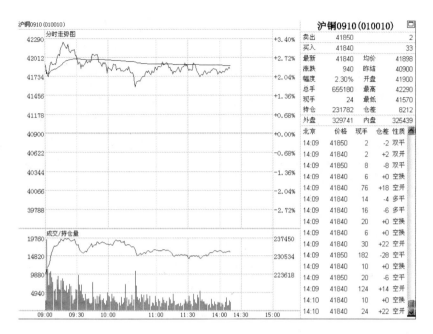

图 3-17

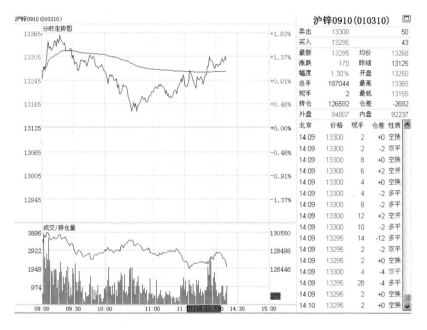

图 3-18

沪锌0910合约2009年7月16日（图3-18）在盘中的涨跌幅小于沪铜0910合约，如果判断后期价格将会继续上涨，则应当对沪锌0910合约开空仓。

从盘中走势来看，如果开空仓后价格至收盘没有太大波动，所持的保护锁空仓将会实现小幅盈利。沪铜0910合约的多单至结算可以实现微幅盈利，而沪锌0910合约也可以实现小幅盈利，占据绝对主动。

进行一阳锁套利持仓隔夜或是日K线级别的波段套利交易，选择有利的结算价位进行开仓，并不一定是为了当天就实现盈利，更主要的是为了防止开仓位在结算后导致资金出现亏损。由于两个相关品种价格在波动过程中，同一时间距离结算价的幅度完全一致的时间较少，所以实际操作时，结算价带来的亏损小于投入资金的1%以内是可以接受的。如果按满仓操作（两个品种各半仓）、保证金比例同为10%计算，第二天二者涨跌幅相差0.2%就可以弥补亏损，这是比较容易实现的；如果结算产生的亏损大于投入资金的1%，就会导致第二天的操作比较被动。

第八节　一阳锁套利技术——开仓的方式

Section 8

一阳锁套利是针对相关性较高的两个品种进行反方向开仓的操作，对一个预期涨幅大一些的品种开仓做多，对一个预期涨幅较小的品种开仓做空。在进行开仓操作的时候，正常情况下要求开仓的时间一致，但实际交易中这并不能实现，因为需要对两个品种分别填写申报项目，这样就必然会造成一些时间差。时间差越长，所承担的风险也就有可能越大，所以在进行一阳锁套利交易开仓时，必须要注意以下事项：

1．在进行开仓时，如果价格的波动比较稳定，处于窄幅波动状态时，根据大的方向首先开哪方持仓。假设价格大的方向是上涨的，应当先开多仓，而后再对另一个品种开空仓；如果价格是下跌的，则应先开空仓，而后再开多仓。

2．如果价格波动幅度较大，在开仓时必须要开优势仓位，也就是当前波动价格对哪个方向的持仓有利，就首先开哪个仓位。假设价格是上涨的，那就意味着当前的波动对多单有利，因此应当先开多仓，而后再开空仓；如果价格是下跌的，则对空仓有利，应当先空后多。

3．先开有利持仓的意义在于：价格上涨时，先开多仓意味着买入成本较低，后开空仓意味着卖出成本较高，这样有助于提高收益及降低风险；价格下跌时，先开空仓意味着卖点较高，后开多仓意味着买点较低。

在解决了开仓的先后问题后，下一个问题就是在什么位置进行开仓。一般而言，进行一阳锁套利可以在任何位置开仓，但为了保证开仓后盈亏波动一致，正常情况下，在价格处于窄幅波动无趋势状态时开仓效果最好。这个时候开仓价格波动没有太大变化，不会因为开仓的时间差而导致开仓后盈亏幅度不一致。

在价格单一方向波动时，有些时候也容易将原来想要进行的一阳锁套利转变成单纯的投机。假设价格还会继续上涨，在开完多仓后，价格便快速地上行，这个时候进行一阳锁套利收益就会少一些，而进行单纯的投机则可以赚得多些。这样进行操作，就不是严格意义上的一阳锁套利了。所以，开仓的位置也是需要加以确定的。

下面，笔者就不说明对哪个品种开多仓、对哪个品种开空仓的理由，请投资者自行判断。笔者着重讲解一下开仓的方式以及位置的把握。

豆油1001合约

2009年7月21日走势图。（图3-19）

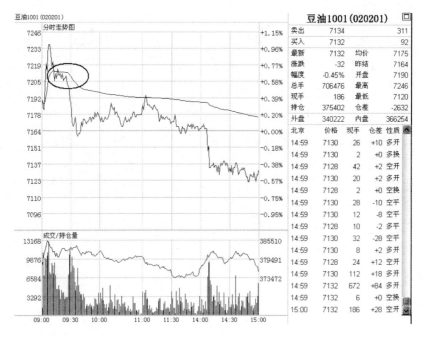

图3-19

豆油1001合约2009年7月21日（图3-19）开盘快速上冲后形成回落的走势，在下跌中途出现了小幅震荡的走势，这种走势有可能是上涨的中继调整形态，也有可能是下跌的中继形成，方向并不明确。同时，价格的波动幅度比较小。这种走势的出现，就是一阳锁套利开仓最好的位置。

如果进行一阳锁套利交易，价格窄幅波动之前形成的是下降趋势，因此开仓时应当对豆油1001合约率先开空仓。

菜油1001合约

2009年7月21日走势图。（图3-20）

菜油1001合约2009年7月21日（图3-20）开盘后价格随豆油上冲，而后形成回落。价格下跌的中途形成了窄幅震荡的走势，由于豆油1001合约此时也形成了窄幅震荡的走势，因此这两个品种此时的波动形态是进行一阳锁套利开仓的最好时机。开仓后两个品种的持仓盈亏不会有较大的差别。

此时的趋势由于是向下的，因此，应当先对豆油1001合

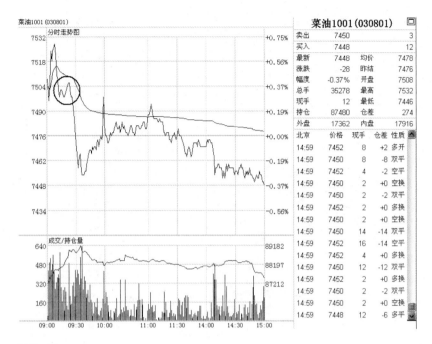

图3-20

约开空仓，而后再对菜油1001合约开多仓。先开豆油1001合约的空单可以保证卖点位置相对较高，后开菜油1001合约的多单可以使买入成本较低，这样的持仓状况有利于降低风险以及提高收益。

棕榈1001合约

2009年7月22日走势图。（图3-21）

棕榈1001合约2009年7月22日（图3-21）形成了大幅震荡的走势，价格上涨后在高点区间形成了窄幅波动形态，此时如果相关品种也形成了如此波动形态，则是一阳锁套利开仓的较佳位置。

在开仓时应当注意大的方向，棕榈1001合约在形成窄幅波动前的趋势是向上的，因此，在这个区间应当先开多仓，而后再开空仓。

对于具体的震荡形态也需要进一步分析，如果窄幅震荡时，价格的低点不断抬高，那说明价格偏多的可能性

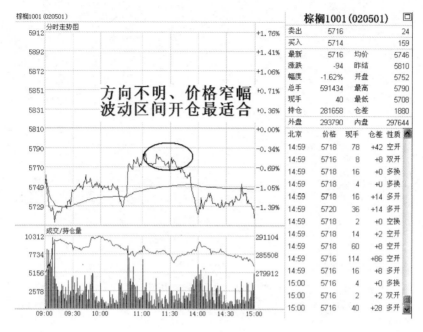

图3-21

大，此时宜先多后空；如果波动高点有降低迹象，此时宜先空后多。

菜油1001合约

2009年7月22日走势图。（图3-22）

菜油1001合约2009年7月22日（图3-22）同棕榈1001合约均形成大幅震荡的走势。在震荡上涨的高点区间同样也形成窄幅波动的形态，这种无方向的走势是一阳锁套利开仓的最佳位置之一。在这种位置进行开仓操作，一方面可以保证开仓后盈亏不会有较大差异，另一方面也比较容易判断出未来的波动方向，一旦方向明确就可以采取开锁交易方式进行操作，以此扩大一阳锁套利的收益。

从大的方向来讲，窄幅波动之前的趋势是上升的，因此应当先开多单，而后再开空仓。如果有技术可以表明价格后期逆转趋势的可能较大，则可以根据窄幅波动区间的高点降低的技术特点先开空仓，而后再开多仓。

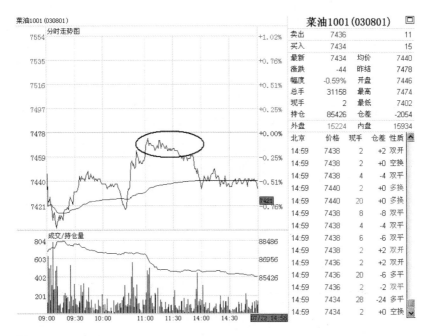

图3-22

　　无论价格的波动是什么形态，总之，先开有利持仓、后开不利持仓的铁律是不可改变的。

第九节　一阳锁套利技术——平仓的方式

Section 9

　　一阳锁套利的开仓要求是：价格的波动对哪方持仓有利就率先开哪个方向的持仓。而一阳锁套利平仓的要求是：价格的波动对哪方的持仓不利就应当先平掉哪个方向的持仓。

　　假设价格在上涨，进行一阳锁套利实现了盈利此时需要平仓，如果先平掉多单，而后再平空仓，就会出现这样的现象：价格保持上涨状态，有可能会继续上涨，先平掉多单等于锁定了收益，但不利持仓导致的亏损有可能会继续扩大，一旦亏损扩大就会削减收益或是增加风险。

　　所以，在价格上涨时，应当先平掉不利的持仓：空单，将风险锁定，而后再平仓多单。在锁定风险的同时，由于价格依然在上涨，所以收益是可以继续扩大的。如果价格在下跌，则应先平掉不利的持仓：多单，将风险锁定，让持有的空单顺势继续扩大盈利。

豆粕1001合约

　　2009年7月14日走势图。（图3-23）

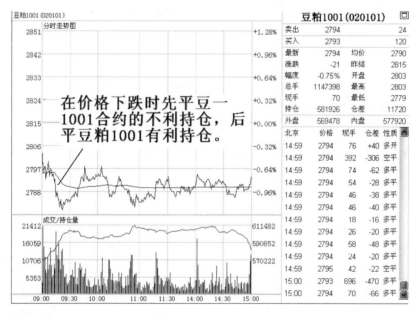

图3-23

　　假设预期价格会形成下跌，就对弱势特征明显的豆粕1001合约开仓做空，对豆一1001合约开仓做多。

　　豆粕1001合约2009年7月14日（图3-23）开盘后形成了连续下跌的走势，由于下跌幅度大于豆一1001合约跌幅，因此实现了本次一阳锁套利的盈利。由于价格保持着下降的趋势，因此，在进行平仓的时候，应当最后再平掉豆粕1001合约，以期价格的进一步下跌带来更大的利润空间。

豆一1001合约

　　2009年7月14日走势图。（图3-24）

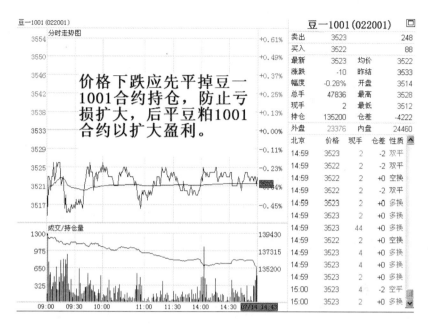

图3-24

豆一1001合约2009年7月14日（图3-24）开盘后略做上冲然后随豆粕1001合约一起下跌，但跌幅较小，持有的多单虽然产生了亏损，但亏损的幅度远小于豆粕1001合约所带来的盈利。

在价格下跌过程中，为了防止亏损的扩大，应当在有所盈利的基础上率先平掉豆一1001合约的多单，将风险锁定在预期范围内，而后择机平掉豆粕1001合约的获利空单。

如果在价格下跌过程中没有进行平仓，而是在后期上涨过程中选择平仓，就应当先平掉豆粕1001合约的空单。这是因为价格的上涨对空单不利，在价格上涨过程中先平掉空单可将风险锁定，而后再择机平掉有利的多单。

豆油1001合约

2009年7月17日走势图。（图3-25）

由于豆油1001合约的上涨强势较菜油1001合约明显，因此，对这两个相关品种进行一阳锁套利时，应当对豆油1001合约开多仓，对菜油1001合约开空仓，以期后期上涨

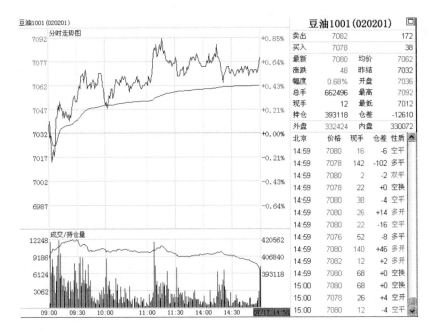

图3-25

过程中，豆油1001合约上涨的幅度远大于菜油1001合约上涨的幅度。

　　豆油1001合约在2009年7月17日（图3-25）上涨时的幅度已明确大于菜油1001合约，该次一阳锁套利实现了盈利。在价格上涨时选择平仓，应当先将菜油1001合约平仓，而后再对有利的持仓豆油1001合约的多单进行平仓。

菜油1001合约

　　2009年7月17日走势图。（图3-26）

　　菜油1001合约在2009年7月17日（图3-26）形成了震荡上涨的走势，但涨幅远小于豆油1001合约的涨幅。在获利后平仓时，应当先平仓菜油1001合约的不利持仓，而后再择机平仓豆油1001合约的有利持仓。

　　如果在价格上涨过程中先平掉有利的多单，那就意味着先将收益进行了锁定，风险却可能随价格的上涨而加大。这种平仓方式是完全错误的，这样做轻则会削减收益，重则可能导致亏损。

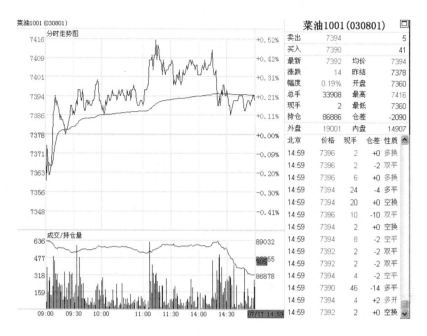

图3-26

　　如果在价格下跌过程中先平掉有利的空单，同样意味着将收益进行了锁定，而让多单的风险在下跌过程中扩大。当然，如果价格形成了上涨，风险有可能减小，但此时的持仓必然增加了不确定性。所以，在价格下跌时必须要先平掉不利的多单，将风险控制住，而后再择机平仓空单。

第十节　一阳锁套利技术——开锁的方式

Section　10

　　一阳锁套利中的开锁技巧也称为"套利转投机"。这是一阳锁套利操作中的重点技术，也是一阳锁套利由传统套利升华并融入投机技术的最直接体现。

　　开锁技巧的作用：

　　1．扩大盈利；

2．回避风险。

开锁技巧的运用只有在价格形成单一方向波动时才可以进行，在价格处于无方向的横盘震荡过程中不可使用。无论是进行一阳锁做多套利，还是进行一阳锁做空套利，无论是在价格单一上涨过程中，还是在价格单一下跌过程中，都可以择机使用开锁技巧。

开锁技巧的交易原则是：在价格形成单一趋势时，将不利持仓平掉。如果价格是上涨的，不利持仓是空单，因此在价格单一上涨时择机平仓空单；如果价格是下跌的，不利持仓是多单，应在价格单一下跌时将不利持仓的多单及时平掉。这个交易原则绝对不可违背！

假设进行一阳锁做多套利，价格按预期形成了上涨的走势，在有迹象形成单一上升趋势的时候，将空单平掉，进行开锁交易，而后在价格上涨的高点平仓多单，这样可以扩大盈利。进行一阳锁做空套利的方法也是如此，价格单一下跌时平仓多单，而后低点平仓空单，收益率会明显提高。

假设进行一阳锁做多套利，出现了龙头互换现象或是龙头转跟风现象，资金出现亏损，此时，在价格上涨或下跌的情况下，应先将不利持仓平仓，而后在高点或低点将有利持仓平仓，这样操作便可以回避风险，甚至有可能将原来的亏损转为盈利。

豆一1005合约

2009年7月22日走势图。（图3－27）

豆一1005合约2009年7月22日走势（图3－27）对比豆粕1001合约的同日走势，豆一1005合约多头强势特征更加明显，在进行一阳锁套利的时候，应当对豆一1005合约开多仓，对豆粕1005合约开空仓。

价格的波动在上午10：00一带形成了横盘震荡的走势，这个区间价格波动幅度比较小，是适合开仓的区间。

开仓后不久，价格形成了明显的单一上涨形态，此时，

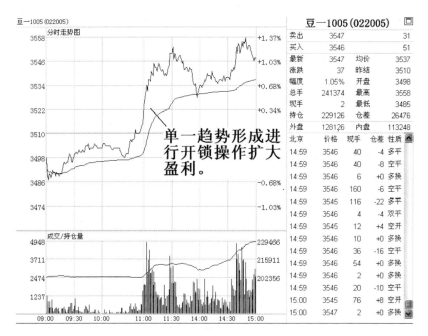

豆一1005（022005）

卖出	3547		31
买入	3546		51
最新	3547	均价	3537
涨跌	37	昨结	3510
幅度	1.05%	开盘	3498
总手	241374	最高	3558
现手	2	最低	3485
持仓	229126	仓差	26476
外盘	128126	内盘	113248

北京	价格	现手	仓差	性质
14:59	3546	40	-4	多平
14:59	3546	40	-8	空平
14:59	3546	6	+0	多换
14:59	3546	160	-6	空平
14:59	3545	116	-22	多平
14:59	3546	4	-4	双平
14:59	3545	12	+4	空开
14:59	3546	10	+0	多换
14:59	3546	36	-16	空平
14:59	3546	54	+0	多换
14:59	3546	2	+0	空平
14:59	3546	20	-10	空平
15:00	3545	76	+8	空开
15:00	3547	2	+0	多换

单一趋势形成进行开锁操作扩大盈利。

图3-27

为了扩大利润，应当对豆粕1005合约的空单在价格上涨途中进行平仓，保持豆一1005合约的多单，在价格上涨的高点处，将多单获利平仓。

这样操作等于在价格单一上涨过程中锁定了风险，而收益却可以随着价格的上行不断扩大，因此对于整体一阳锁套利持仓可以起到扩大盈利的作用。

豆粕1005合约

2009年7月22日走势图。（图3-28）

豆粕1005合约2009年7月22日（图3-28）的走势相比豆一1005合约要弱一些，进行一阳锁套利应当开空仓保护锁。假设投资者开错了仓位，对豆一1005合约开了空仓，而对豆粕1005合约开了多单，这样交易必然会产生亏损。

当进行一阳锁套利产生亏损时，在价格形成单一趋势波动的情况下，就必须要运用开锁技巧，将原本的套利交易转为投机性交易。

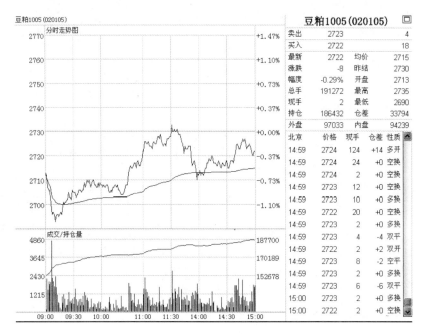

图3-28

在价格单一上涨时，可以对空单豆一1005合约进行平仓锁定风险，而后在价格的高点区间再对多单豆粕1005合约进行平仓。如此操作，风险在锁定的情况下，价格只要上涨，多单便可以不断地实现盈利，从而减少亏损的幅度，如果价格上涨幅度较大，还有可能实现盈利。

可以说，无论进行什么性质的一阳锁套利交易，只要价格形成了单一的波动，在采用开锁技巧的情况下，理论上讲风险都是被锁定的，而收益却是无限的。

沪铜0911合约

2009年7月22日走势图。（图3-29）

沪铜0911合约2009年7月22日（图3-29）形成了两次单一波动的行情，上午价格单一上涨，下午转势单一下跌。假设上午进行了一阳锁做多套利，预期价格将会上涨，此时，无论是对沪铜0911合约开多仓，还是对沪锌0911合约开多仓，都有办法可以实现盈利。

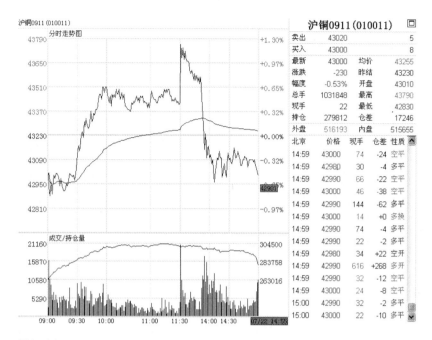

图3-29

假设对沪铜0911合约开了多仓，在价格单一上涨时，率先将空单的沪锌0911合约进行平仓。在价格单一上涨时，风险被锁定后，利润却是在不断增长的，如此一来必然实现盈利。而如果对沪锌0911合约开了多仓，在价格单一上涨时对沪铜0911合约率先平仓锁定风险，同样可以实现盈利。

只有在价格单一波动时如此操作才可以实现盈利，如果价格并未形成单一方向的波动而进行开锁交易，则不会达到扩大盈利或是回避风险的目的。

沪锌0911合约

2009年7月22日走势图。（图3-30）

沪锌0911合约2009年7月22日（图3-30）同沪铜的走势基本一致。假设早盘期间对沪铜0911合约建立了多仓，对沪锌0911合约建立了空仓，上午价格上涨时由于沪铜0911合约的涨幅较大，因此必然可以实现盈利。但是下午开盘后，价格快速跳水，沪铜0911合约的跌幅大于沪锌0911合约的跌

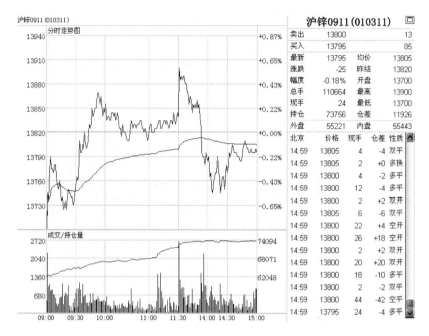

图3-30

幅，如果此时继续持有沪铜0911合约多单及沪锌0911合约空单，不仅没有收益反而还会出现亏损。为了防止亏损现象的形成，在下午价格单一下跌时就必须运用开锁技巧进行交易。

价格下午开盘后形成单一的下跌趋势时，应当将沪铜0911合约的多单及时平仓，这样一来等于锁定了多单的利润，虽然在下跌初期沪锌0911合约可能依然产生亏损，但是随着下跌的延续，亏损幅度越来越小，这样一来就会在很大程度上回避了价格反方向波动的风险。

假设在早盘期间对沪铜0911合约建立了多单，同时对沪锌0911合约建立了空单，下午价格下跌时平仓沪铜0911合约，必然可以实现一定的盈利；而如果将沪锌0911合约持仓到低点区间，其亏损的幅度也将是非常小的。如此一来，原本有可能产生亏损的一阳锁套利由于采用了开锁技巧，成功地回避了风险，并实现了盈利。

第十一节　一阳锁套利的实战运用

Section　11

　　一阳锁套利分为做多套利和做空套利。

　　一阳锁做多套利：预期价格将会形成上涨的走势，对上涨强势特征明显的相关品种开多仓，对上涨强势特征不明显的相关品种开空仓，以期价格后期上涨过程中，上涨强势特征明显的品种涨幅较大，实现的盈利较多，而上涨强势特征不明显的品种涨幅较小，所引发的亏损幅度较小，盈亏相抵可以实现净盈利。

　　一阳锁做空套利：预计价格将会形成下跌的走势，对下跌强势特征明显的品种开空仓，对下跌强势特征不明显的品种开多仓，在后期价格下跌过程中，下跌强势的品种跌幅较大，产生的收益较多，而下跌弱势的品种跌幅较小，产生的亏损较少，盈亏相抵可以实现净盈利。

　　在实战过程中，由于一阳锁套利可以采取开锁技巧（套利转投机），因此，就算是开仓的目标对象出现失误，依然可以在价格波动与预期不符时实现盈利。

◎　一阳锁做多套利

　　进行一阳锁做多套利，可以在价格上升趋势中进行，也可以在价格下跌低点区间进行。在上升趋势中进行一阳锁做多套利是比较常见的操作方式，在价格下跌低点区间进行一阳锁做多套利，则是预期价格后期将会出现反弹，从而在确定相关品种的强弱关系后进行的套利行为。

1．豆粕0909合约与豆粕1001合约间的一阳锁做多套利。

　　该套利从传统套利的角度来看属于跨期套利，即对相同品种不同交割月份进行的套利行为。但站在一阳锁套利的角度来看，该套利是在价格连续下跌后预期将会出现反弹，因此对下跌幅度大的品种开空仓，对下跌幅度小的品种开多仓的交易方式，属于一阳锁做多套利。

套利开始：

进行一阳锁做多套利之前，必须要确定相关品种的强弱关系，无论是一阳锁做多套利还是一阳锁做空套利，确定相关品种的强弱关系都是重中之重。

豆粕1001合约

2009年5月7日走势图。（图3-31）

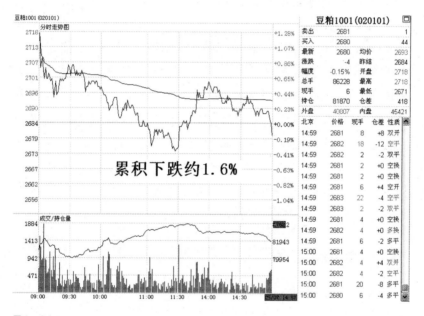

图3-31

豆粕1001合约2009年5月7日（图3-31）自开盘至盘中低点，价格整体下跌1.6%，早盘期间的连续下跌提供了一次投机性做空或是一阳锁做空套利的机会。

在价格连续下跌后如果预期将会出现反弹，则可反手进行一阳锁做多套利。

豆粕0909合约

2009年5月7日走势图。（图3-32）

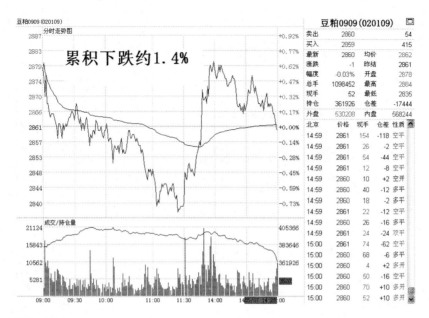

图 3-32

　　豆粕0909合约2009年5月7日（图3-32）自开盘至盘中低点，价格整体下跌1.4%，相比豆粕1001合约，整体下跌幅度较小。由此可以确定：豆粕1001合约做空的力度较大，属于领跌性质，而豆粕0909合约做空的力度较小，属于跟风下跌性质。

　　根据两个合约整体下跌幅度的对比情况来看，应当对豆粕0909合约开多仓，对豆粕1001合约开空仓。如果下午进行一阳锁套利时投资者的开仓出现失误，对豆粕0909合约开空仓，对豆粕1001合约开多仓，只要正确运用开锁技巧照样可以实现盈利。

套利结果：

　　在实现了一定的盈利以后，或是价格的上涨有结束迹象时，投资者应当择机进行平仓，平仓的原则：在价格上涨过程中率先平仓空单，而后平仓多单，如果价格高点已形成并出现回落，则应先平仓多单，而后平仓空单。

豆粕1001合约

2009年5月7日走势图。（图3-33）

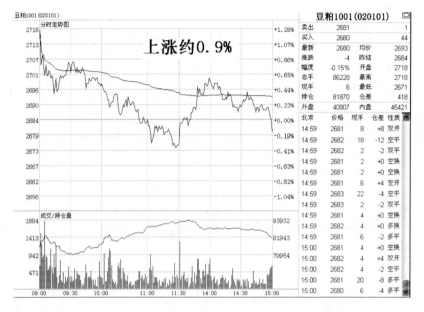

图3-33

豆粕1001合约2009年5月7日（图3-33）自盘中低点至反弹高点，价格上涨约0.9%。

从价格下午开盘后反弹的形态来看，属于单一上行趋势，在进行一阳锁做多套利时，应当在价格上行时率先平仓豆粕1001合约的空单，对豆粕1001合约平仓的时间越早，可现实的盈利越大。

豆粕0909合约

2009年5月7日走势图。（图3-34）

豆粕0909合约2009年5月7日（图3-34）价格自低点至反弹高点，价格上涨约1.4%。相比豆粕1001合约，二者涨幅差值在0.5%，假设保证金比例为10%，该次一阳锁做多套利可使投入资金增值0.25%（因涉及具体保证金比例，实际盈利幅度会受保证金比例的影响而变化）。

下午开盘后两个品种由于都形成了单一的上涨形态，

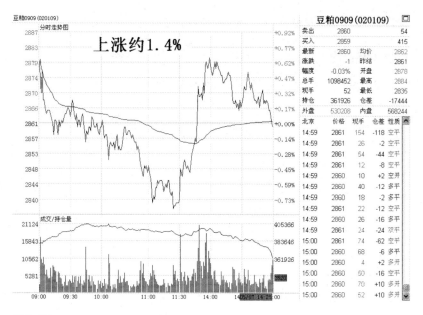

图3-34

本着收益最大化的目标，应当在价格上涨的中途率先对豆粕1001合约的空单进行平仓，而后在价格波动的高点区间择机将豆粕0909合约的多单平仓。率先平仓豆粕1001合约空单等于锁定了风险，而在价格单一上涨过程中，豆粕0909合约的多单盈利在不断地扩大，因此实际收益的幅度会更高。

2．豆一1005合约与豆粕1005合约间的一阳锁做多套利。

按照传统套利的角度来讲，该次套利属于跨商品套利，即对不同但相关品种的相同月份合约间的套利行为。站在一阳锁套利角度来讲，由于盘中价格形成了明确的上升趋势，因此应当对上涨强势特征明显的品种开多仓，对上涨强势特征不明显的品种开空仓。这种对相关品种、相同月份的套利形式是一阳锁做多套利的主要形式。

套利开始：

对不同品种相同月份合约进行一阳锁做多套利，必须要求这两个品种具有高度的相关性，价格始终处于同涨同跌的状态，细节波动允许有差异，但整体方向必须相同。

豆一1005合约

2009年7月22日走势图。（图3-35）

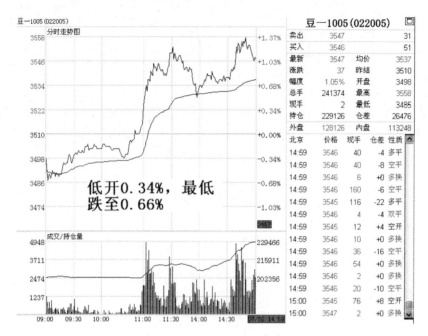

图3-35

豆一1005合约2009年7月22日（图3-35）价格低开0.34%，开盘后价格出现回落，最低跌至0.66%，快速地下跌后价格出现了连续上涨的走势，上升趋势的确立，为一阳锁做多套利提供了好的机会。

进行一阳锁做多套利，如果进行大波段的交易，必须要注意日K线的趋势，如果仅是进行日内一阳锁套利，除了要相应结合日K线的趋势外，还需要更多地关注日内走势的趋势变化。

豆粕1005合约

2009年7月22日走势图。（图3-36）

豆粕1005合约2009年7月22日（图3-36）价格低开

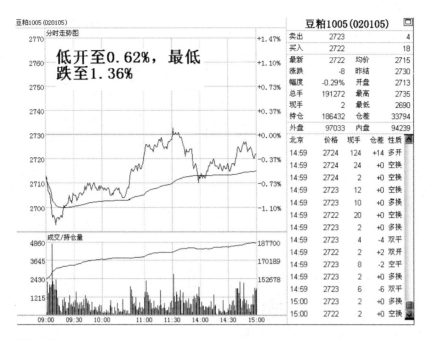

豆粕1005 (020105)

低开至0.62%，最低跌至1.36%

豆粕1005 (020105)		
卖出	2723	4
买入	2722	18
最新	2722	均价 2715
涨跌	-8	昨结 2730
幅度	-0.29%	开盘 2713
总手	191272	最高 2735
现手	2	最低 2690
持仓	186432	仓差 33794
外盘	97033	内盘 94239

北京	价格	现手	仓差	性质
14:59	2724	124	+14	多开
14:59	2724	24	+0	空换
14:59	2724	2	+0	空换
14:59	2723	12	+0	多换
14:59	2723	10	+0	多换
14:59	2722	20	+0	空换
14:59	2723	2	+0	多换
14:59	2723	4	-4	双平
14:59	2722	2	+2	双开
14:59	2723	8	-2	空平
14:59	2723	2	+0	多换
14:59	2723	6	-6	双平
15:00	2723	2	+0	多换
15:00	2722	2	+0	空换

图3-36

0.62%，开盘后价格快速下跌，最低跌至1.36%。从开盘时价格低开的幅度，以及开盘后价格下跌的幅度来看，豆粕1005合约具备明显的空头强势特点，而豆一1005合约相比之下具备明显的多头特点。

因此，在预期价格盘中将会上涨进行一阳锁做多套利时，应当对豆一1005合约开多仓，对豆粕1005合约开空仓。

套利结果：

开仓后，如果价格按预期上涨，正常的情况是豆一1005合约上涨幅度大，豆粕1005合约上涨幅度小，二者存在明显的涨幅差异，从而实现盈利。如果价格没有上涨而是下跌，豆粕1005合约的跌幅则会比较大，而豆一1005合约的跌幅相应较小，这也可以实现盈利。再配合开锁技巧（套利转投机），无论价格是涨是跌均可以实现盈利。

豆一1005合约

2009年7月22日走势图。（图3-37）

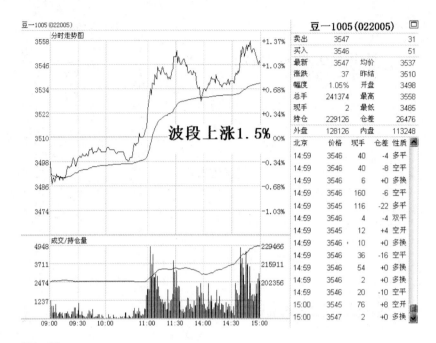

图3-37

豆一1005合约2009年7月22日（图3-37）早盘经过一段时间的小幅震荡上行后，在成交量连续放大的情况下出现了快速的上涨走势，波段涨幅为1.5%。

价格上涨至高点后，在有一定盈利的情况下，应当注意获利情况。不要因为贪婪，而错过涨幅差异最大的时期，应避免主要波动结束后，价格的差异有可能会出现减少的迹象，从而影响收益。

豆粕1005合约

2009年7月22日走势图。（图3-38）

豆粕1005合约2009年7月22日（图3-38）从可以把握的上涨起点至高点，价格约上涨1%，与豆一1005合约的涨幅存在明显的差异，因此该次套利完全可以实现盈利。

由于价格在上涨过程中的趋势非常单一，因此，开仓后可以在价格上涨中途提前将豆粕1005合约的空单进行平仓，以此达到锁定风险的目的；而豆一1005合约的多单则可以继

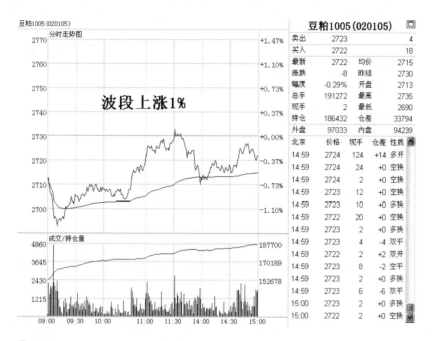

图3-38

续保留，直至价格有形成高点迹象时再进行平仓。使用开锁技巧（套利转投机）可以帮助投资者大幅提高一阳锁套利的收益幅度。

◎ 一阳锁做空套利

　　进行一阳锁做空套利，可以在价格下降趋势中进行，也可以在价格上升的高点区间进行。在下跌趋势中进行一阳锁做空套利是比较常见的操作方式，在价格上涨的高点区间进行一阳锁做空套利，则是预期价格后期将会出现逆转，从而在确定出相关品种的强弱关系后进行的套利行为。

棕榈1001合约和菜油1001合约间的一阳锁做空套利

　　该次一阳锁做空套利从传统套利的角度来讲，属于跨商品套利行为，它的特点是两份合约间具有高度的相关性、价格具有同涨同跌的共性、交割月份相同。从一阳锁套利的角度来讲，是利用两份合约具有同涨同跌的共性但涨跌幅存在差异的特点进行的套利行为。

套利开始：

在价格下跌趋势形成时进行一阳锁做空套利，投资者必须通过分时线波动的形态确定谁是领跌品种以及谁是跟风品种，只有这样才可以实现利润最大化。

棕榈1001合约

2009年6月18日走势图。（图3—39）

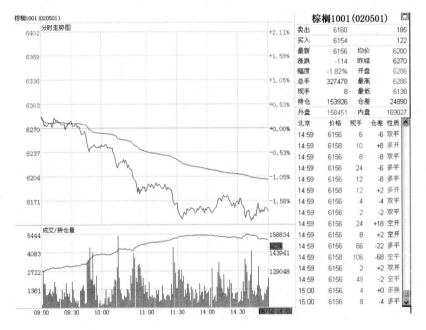

图3—39

棕榈1001合约2009年6月18日（图3—39）形成了连续下跌的走势，在下跌的过程中，价格率先跌破昨日结算价，并且开盘幅度较低，价格下跌时的分时形态非常流畅，特别是持仓量在价格下跌时持续增加，这说明资金做空的态度很积极。

将一个品种的技术走势与另外相关品种进行对比，如果另外的品种下跌强势特征弱于该品种，则两个相关品种的强弱关系便可以确定。

菜油1001合约

2009年6月18日走势图。（图3－40）

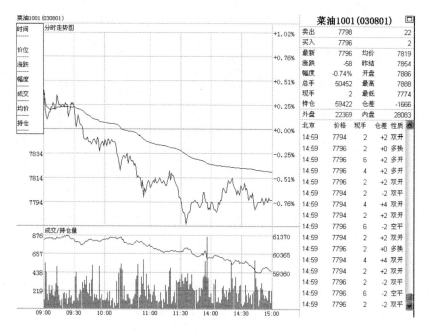

图3－40

菜油1001合约2009年6月18日（图3－40）与棕榈1001合约的大方向一致，均出现了下跌的走势。

价格的波动相比棕榈1001合约有以下特点：开盘价格较高，下跌过程中分时线较为曲折，这说明空方力度较弱，幅体下跌幅度明显小于棕榈1001合约，持仓量变化不如棕榈1001合约标准。

对比两个相关品种的波动特征，可以看出：棕榈1001合约属于领跌品种，进行一阳锁做空套利应当对其开空仓；而菜油1001合约属于跟风下跌品种，应对其开多仓。

套利结果：

在价格下跌到低点区间，下跌动力不足或价格有迹象将会明确反弹时，应当择机进行平仓交易，防止价格后期出现与预期不符的波动而引发风险。

棕榈1001合约

2009年6月18日走势图。（图3-41）

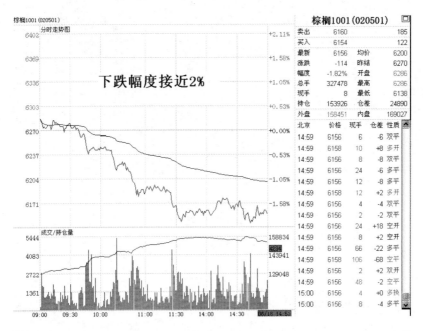

图3-41

棕榈1001合约2009年6月18日（图3-41）价格从开盘至低点区间，整体下跌2%。

如果当天的市场状态空头迹象并不明显，其他品种的下跌幅度并不是很大，在棕榈1001合约经历了较长时间、较大幅度下跌后，应当留意反弹走势的形成。如果当天其他品种的下跌幅度均比较大，市场整体空头迹象非常明显，那么价格往往还有可能形成更低的低点。

菜油1001合约

2009年6月18日走势图。（图3-42）

菜油1001合约2009年6月18日（图3-42）自开盘至盘中低点，价格下跌约1%，相比棕榈1001合约的跌幅存在着明显的差异，正是这种跌幅差异使得一阳锁做空套利有了交易的机会。

假设保证金为10%，该次一阳锁做空套利在理想状态下

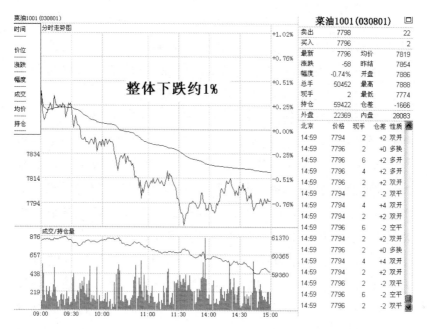

图3-42

平仓，可使资金获利5%。如果在价格单一趋势中使用开锁技巧（套利转投机）先行将菜油1001合约的多单进行平仓，则可以实现更大的收益。

第十二节　一阳锁套利的主要风险——双向龙头

Section 12

双向龙头是指某个品种在下跌的过程中，由于其空头强势特征明显，对其他品种起到了下跌的带动作用，而当下跌结束开始上涨的时候，又转变成多头强势特征明显的品种，对其他品种起到上涨的带动作用。或在价格上涨过程中，某个品种做多强势特征明显，而当上涨结束开始下跌时，又成为领跌品种。无论哪一种现象形成，这个品种都可以称之为

"双向龙头"。双向龙头上涨（下跌）时领涨（跌），当天形成逆转趋势时，下跌（上涨）时又领跌（涨），无论价格是涨还是跌，它都是龙头。与之对应的品种则成为双向跟风的品种，无论是上涨还是下跌都跟风波动。

在价格形成逆转现象时，如果继续持有原来的一阳锁套利持仓，将会很容易发生亏损。假设对A品种做多，对B品种做空，A是上涨的龙头，B跟风上涨。一旦价格形成逆转，如果A又成为领跌品种，由于跌幅较大必然会导致多单的亏损，而B品种由于涨跌均跟风，价格下跌时跌幅较小，所以难以获得超过A品种亏损的盈利，故此，一阳锁套利将会失败。

当目标品种有形成双向龙头迹象时，防止风险的方式为：在价格上涨时，及时将不利持仓平掉，将一阳锁套利转为投机交易；或在价格上涨初期同时平仓，而后再重新开仓进行一阳锁套利交易。

沪铜0909合约

2009年6月9日走势图。（图3-43）

图3-43

沪铜0909合约2009年6月9日（图3－43）开盘后价格一路下跌，下跌过程中反弹无力，并且反弹时成交量均保持萎缩状态，空头迹象非常明确，根据价格凌厉的下跌力度以及较大的跌幅，可以确定沪铜为同板块品种中的领跌龙头。

沪铝0909合约

2009年6月9日走势图。（图3－44）

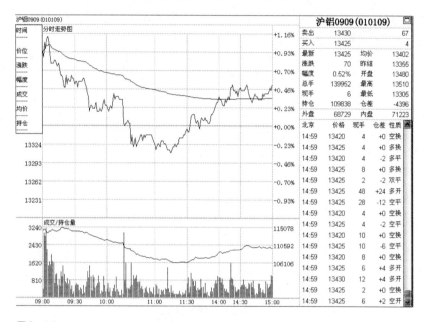

图3－44

沪铝0909合约2009年6月9日（图3－44）开盘后价格受到沪铜的带动形成下跌。下跌力度相比沪铜0909合约较小，并且下跌的幅度也小于沪铜0909合约，因此可以确定在下跌过程中，沪铝0909合约为跟风下跌品种。

在价格下跌到低点区间后，趋势形成了逆转。沪铜0909合约的上涨力度远大于沪铝0909合约，同时，沪铜0909合约的涨幅也远大于沪铝0909合约。从上涨的走势可以确定，沪铜0909合约又成为上涨的龙头品种。

在价格下跌时沪铜0909合约是空方的龙头，带领着沪铝0909合约下跌。而当价格形成上涨走势以后，沪铜0909

合约又成为多方的龙头，带领着沪铝0909合约上涨。沪铝0909合约无论是跌还是上涨，都在跟随着沪铜0909合约波动。沪铜0909合约为双向龙头，而沪铝0909合约则是双向跟风。

棕榈1001合约

2009年7月10日走势图。（图3-45）

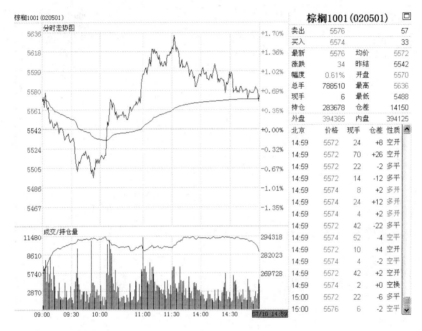

图3-45

棕榈1001合约2009年7月10日（图3-45）开盘后下跌，而后又上涨，形成了明显的盘中逆转走势。由于早盘期间棕榈1001合约的下跌幅度明显大于菜油1001合约，因此可以确认棕榈1001合约为下跌的龙头品种。

进行一阳锁做空套利，应当对棕榈1001合约开空单，而对跟风下跌的菜油1001合约开多单。

菜油1001合约

2009年7月10日走势图。（图3-46）

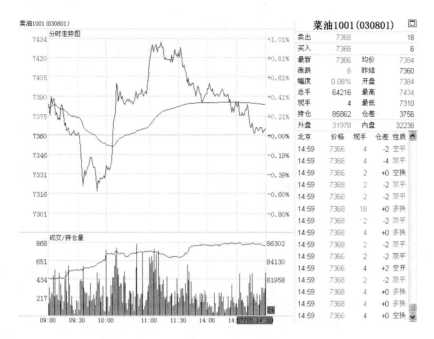

图3-46

菜油1001合约2009年7月10日（图3-46）开盘后随棕榈1001合约下跌，由于整体跌幅较小，因此可以确定菜油1001合约为跟风下跌品种。

两个相关品种下跌到低点以后，价格均出现了逆转的走势，虽然菜油1001合约在走势上率先创出了新高，但相比棕榈1001合约的波段涨幅却是较小的，所以应当说是棕榈1001合约的上涨对菜油1001合约起到了引领的作用。在后期的上涨过程中，棕榈1001合约的整体涨幅也明显大于菜油1001合约，如果进行一阳锁做多套利，则应对棕榈1001合约开多单，而对菜油1001合约开空单。

一旦价格的波动形成了双向龙头的现象，投资者就必须要终止原来的套利行为，要么将套利转为投机，要么同时平仓，而后根据新的龙头与跟风关系再重新开仓进行一阳锁套利交易。

第十三节 一阳锁套利的
风险——龙头转换跟风

Section 13

龙头转跟风是指：在价格上涨过程中，原来的龙头领涨品种随着时间的推移做多强势特征开始消失，而原来跟风上涨的品种强势特征则越来越明显，并成为新的领涨品种，原来的龙头领涨品种变成了跟风上涨的品种，原来跟风上涨的品种变成了新的领涨品种。或是在价格下跌过程中，原来的领跌龙头下跌幅度越来越小，变成了跟风下跌的品种，而原来跟风下跌的品种越跌越多，成为新的领跌品种。无论哪种现象都称之为是"龙头转跟风"。

当龙头转跟风现象出现时，如果继续持有原来的一阳锁套利仓位，将会导致必然的亏损。假设价格是上涨的，对A品种做多，对B品种做空，随着时间推移，A的上涨幅度越来越小，由领涨转变成为跟风，而B的涨幅则越来越大，由跟风上涨转变成为领涨，此时，A的多单虽然可以盈利，却无法弥补B空单的大幅亏损。

进行一阳锁套利交易时，如果发生了龙头转换跟风的现象，防范风险的办法是：及时平仓不利持仓，将一阳锁套利转变成为投机交易；同时平仓，而后根据新演变的龙头跟风关系重新开仓。

豆一1001合约

2009年7月1日走势图。（图3-47）

豆一1001合约2009年7月1日（图3-47）开盘的幅度较豆粕1001合约高，其开盘后的快速上冲对豆粕1001合约也起到了上涨的带动作用。从开盘的走势可以初步确定豆一1001合约为上涨的龙头品种。

通过开盘的走势如果进行一阳锁套利，则应当对豆一1001合约开多单，而对豆粕1001合约开空单。

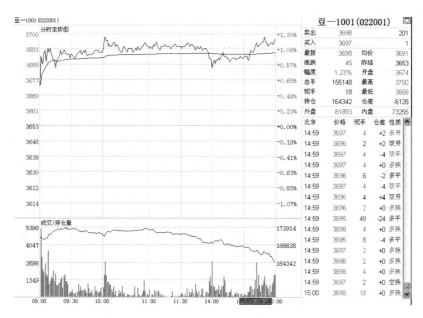

图3-47

豆粕1001合约

2009年7月1日走势图。（图3-48）

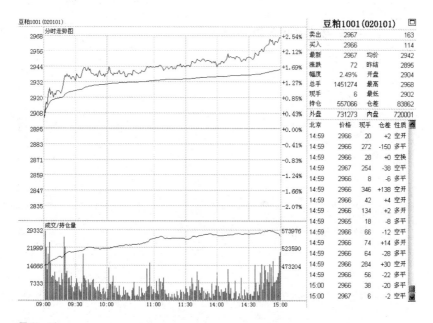

图3-48

豆粕1001合约2009年7月1日（图3-48）开盘的幅度相比豆一1001合约低，通过开盘的幅度判断相关品种的强弱是常用的方法，因此可以初步判断豆粕1001合约属于跟风上涨的品种。

随着时间的推动，两个相关品种的强弱关系发生了明显的变化，豆一1001合约的上涨力度越来越弱，而豆粕1001合约的上涨力度越来越强，特别是到了尾盘的时候，豆一1001合约的上涨完全受到了豆粕1001合约的带动。早盘豆一1001合约的龙头领涨现象完全消失，而豆粕1001合约龙头领涨的现象却变得越发明显，老龙头转变成为跟风品种，而原来的跟风品种则转变成新的龙头。

菜油1001合约

2009年7月13日走势图。（图3-49）

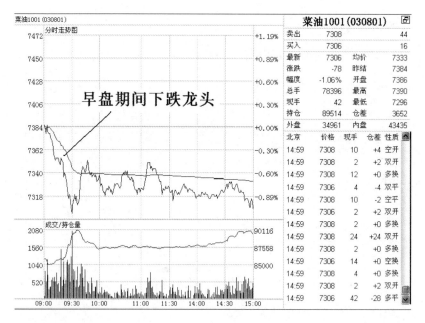

图3-49

菜油1001合约2009年7月13日（图3-49）开盘后便出现了快速的下跌，分时线呈凌厉的下跌形态，再加上其较大的跌幅，相比豆油1001合约而言，成为绝对的空方龙头。

面对菜油1001合约的这种分时形态，无论是进行投机操作还是进行一阳锁套利交易，都应对开空单。

豆油1001合约

2009年7月13日走势图。（图3-50）

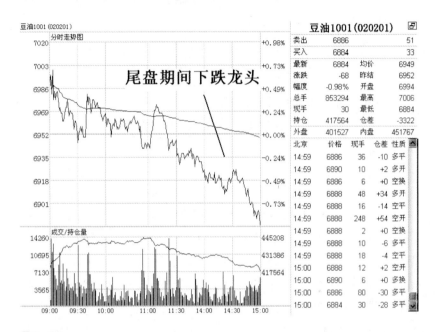

图3-50

豆油1001合约2009年7月13日（图3-50）开盘形成了震荡下跌的走势，与菜油1001合约进行对比可以看到，豆油1001合约下跌的力度以及下跌的幅度都比较小，属于典型的跟风下跌走势。

菜油1001合约早盘的下跌结束以后便形成了长时间的箱体震荡走势，但是豆油1001合约却长时间保持着下降趋势。从下午的走势来看，豆油1001合约的整体跌幅远大于菜油1001合约，此时如果对豆油1001合约做空、对菜油1001合约做多，必然可以实现盈利。

从盘中走势来看，菜油1001合约早盘是空头主力，而到了下午则转变成跟风品种。而豆油1001合约上午是跟风下跌的品种，到了下午却转变成领跌品种。两个品种形成了龙头的转换。

一旦进行一阳锁套利的两个相关品种形成了龙头的转换现象，原有的持仓必须要终止，要么平仓不利持仓，将套利转投机，要么同时平仓，而后再根据新的龙头与跟风关系重新开仓。

第十四节　一阳锁套利
的风险——其他风险

Section 14

一阳锁套利回避价格波动风险的利器就是开锁交易（套利转投机）。但在一阳锁套利交易过程中，有一些风险并不是因为价格波动引发的，而是由于投资者自身原因造成的，虽然也可以使用开锁交易（套利转投机）进行回避，但这些错误投资者必须要清楚，能够避免的尽量避免，防止细节上的失误影响盈利。

1．由于双向开仓时时间差较大，导致首先开仓的资金处于无保护状态，从而造成因持仓成本不占优势而导致的亏损，这是由于投资者双向开仓时的各种心理因素或下单技术不熟练导致的，属于人为风险，不属于一阳锁套利技术本身的风险。

回避的方法是在下单时尽快同时双向开仓，除非对首先开仓的方向有更加准确的判断，否则双向开仓的时间间隔不可过长。如果确定两个相关品种后期价格都将出现上涨，应当首先开仓多单盈利锁，等第二个品种价格有所上涨后再开保护锁，这样一来，盈利锁的做多成本较低，而保护锁的做空成本较高，可以扩大盈利；如果确定未来价格下跌，则应当首先开仓盈利锁，而后再开仓保护锁，这样的开仓方式可以扩大盈利。如果不是在此基础上，双向开仓一定要同时进行。

2．价格剧烈波动导致开仓后的持仓成本不占优势。价格形成突发性上涨或突然大跳水时进行一阳锁套利容易使开仓成本与预期形成较大差异，而持仓成本的劣势容易削减利润与增加风险。

回避的方法为：在价格剧烈波动时最好不要进行一阳锁套利交易，在价格波动趋稳时再择机交易。价格剧烈波动时宜进行单方向的投机交易。

3．相关品种当天的涨跌幅差异较小。在某些时候，相关品种彼此间的涨跌幅非常接近，在这种情况下进行一阳锁套利将很难获得满意的收益。一阳锁套利追求的就是相关品种涨跌幅间的差异收益，如果二者差异过小，便限制了盈利的幅度，如果开仓后二者间的涨跌幅小于手续费费用，则会出现亏损。这是一阳锁套利本身的风险因素之一，也是最容易进行风险回避的走势。

回避这种风险的做法就是要对相关品种当天的具体走势进行分析，要求开盘价、盘中涨跌幅差异较大时在恰当的位置进行交易，如果该相关品种当天涨跌幅差异较小，则应换其他品种寻找机会。

4．方向判断错误导致的风险。进行一阳锁套利虽然价格涨跌都可以实现盈利，但是，如果大方向判断错误，也会导致风险。比如当天价格上涨，进行的却是做空套利，或是价格下跌而进行做多套利，都会导致风险。这种风险属于是投资者自身分析能力导致的风险，并非一阳锁套利技术的本身风险。

5．结算价风险。如果运用一阳锁套利进行一天或几天的交易，务必要在合适的结算价处进行交易，常见的方法是在两个品种都处于均价线或距离均价线的幅度大致相等时开仓交易，如果不注重价格与均价线的关系，收盘后按结算价结算后资金产生亏损，则会影响套利的效果，并且在未来涨跌幅差异较小时容易产生亏损风险。

6. 成交风险。由于资金量较大、买卖数量较多而导致无法及时全部成交，或者由于相关品种成交量极小导致买卖价格断档，或是投资者申报的买卖价格不合理不能及时成交而影响到套利效果的风险，这是市场自身或投资者自身操作引发的风险，不属于一阳锁套利技术的本身风险。

回避的方法为：如果因为资金量大导致无法全部成交的，必须在交易时选择成交活跃的主力合约，以此避免无法全部成交的风险；投资者在确定了套利机会后，尽量将申报的买卖单以市价进行委托，如果贪图一两个单位的价格波动将很容易错过机会，万一一方交易成交，而另一方交易未成交，将使套利变成投机，从而引发意外风险。

7. 品种相关度不高引发的风险。如果进行一阳锁套利交易的两个品种相关性不高，必然会引发风险，比如燃油与大豆，从经济学角度可能彼此间会有一定的关系，但在实际走势中，燃油涨大豆未必涨，燃油跌大豆未必跌。如果对相关性较低的品种进行套利，获利的可能性较小，虽然是双向开仓，但实际进行的却是投机交易。回避的方法就是加强对两个品种相关性的判断能力。

8. 介入时机不当引发的风险。某些时候，在价格一轮大幅上涨或大幅下跌后，投资者进行开仓交易，认为趋势还将会延续，但此时价格的波动却出现了明显的反向趋势，如果介入点是价格重要的低点或高点区间，此时容易造成失误。

回避的方法为：在价格明确的顶部与底部反转区间不宜进行一阳锁套利，除非通过技术可以较大概率地判断相关品种可能的涨跌，否则要等价格波动稳定后再进行交易。

一阳锁套利方法本身的风险就是价格变化导致的亏损，而更多的风险都是由于投资者运用不当所产生的。所以，当交易失败后，无论是谁都要认真地反思，从中总结经验和教训，尽量避免错误短时间内经常性的重复（任何风险市场的错误必然会不断重复，无论是谁都是这样，

"同样的错误不能犯第二次"其实是一句空话，任何人永远都不可能做到）。

第十五节　一阳锁套利盈亏示意图

Section　15

　　进行一阳锁做多套利时，有两种盈利的可能，有三种亏损的可能，这是很无奈的事情，不过风险并非不可控，采用开锁技术便可以降低亏损，甚至实现盈利。通过多次实战，水平有所提高后，风险的回避比单纯的投机要容易得多。

　　一阳锁做多（买入）套利盈亏示意图。（图3-51）

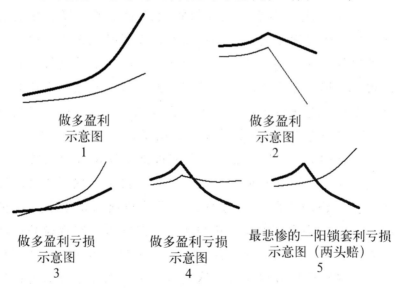

做多盈利
示意图
1

做多盈利
示意图
2

做多盈利亏损
示意图
3

做多盈利亏损
示意图
4

最悲惨的一阳锁套利亏损
示意图（两头赔）
5

图3-51

　　进行一阳锁做多套利有两种盈利方式，产生亏损的可能有三种方式，下面结合图3-51进行讲解，图中的粗线均为多仓盈利锁，细线为空仓保护锁。

　　示意图1是一阳锁做多套利第一种盈利示意图。开仓以后，盈利锁品种出现大幅上涨，保护锁品种出现小幅上涨。盈利锁仓位产生较大盈利，保护锁仓位出现亏损，但是由于盈利幅度远大于亏损幅度，故此成功实现盈利。这是一阳锁做多套利正常情况下的盈利表现，价格的波动按照预期产生了上涨。

示意图2是一阳锁做多套利第二种盈利示意图。开仓以后，盈利锁品种略微上涨便产生了下跌，但是下跌的幅度比较小，保护锁品种略微上涨后便产生了大幅下跌。盈利锁产生小幅亏损，而保护锁产生大幅盈利，盈利幅度远超过亏损幅度。后期价格走势与预期不符，没有出现上涨而是产生了下跌，但由于价格波动符合龙头上涨品种涨多跌少、跟风品种涨少跌多的特性，因此进行一阳锁做多套利在价格下跌时仍然可以产生盈利。这种走势是盈利锁与保护锁互换的现象。

示意图3是一阳锁做多套利的亏损方式之一，其亏损的原因为：原本应当大幅上涨的盈利锁却形成了小幅上涨的走势，而原来应当小幅上涨的保护锁却形成了大幅上涨的走势，造成的局面是盈利锁小幅盈利，而保护锁大幅亏损。当这种现象有延续迹象的时候，应当及时将保护锁进行平仓，以减少亏损，盈利锁应根据价格的波动特点及结合投机方法择机平仓，并尽量选择一个可以将亏损最小化的位置平仓盈利锁。这种走势是龙头转换跟风，从而导致亏损的产生。

示意图4是一阳锁做多套利在价格出现反方向波动时的亏损方式之一，其亏损原因是开仓以后价格出现短暂上涨后下跌。价格的下跌并不可怕，只要盈利锁的跌幅小（亏损小），保护锁的跌幅大（获利多），照样可以实现盈利；但如果盈利锁的跌幅大（亏损大），而保护锁的跌幅小（获利少），将会出现亏损风险。这处亏损风险的处理方法为：当盈利锁的跌幅有加大迹象时，及时平仓盈利锁，由于此时价格下跌，可以结合投机技术晚一些平仓保护锁，以最大可能地减少亏损。这种走势是双向龙头，是产生亏损的主要原因，往往在趋势有逆转的情况下出现。

示意图5是一阳锁做多套利最悲惨的亏损形式，操作过程中两个相关品种形成如此走势时必须及时同时平仓。亏损的原因为：开多仓的盈利锁出现下跌，开空仓的保护锁出现上涨，形成两头赔的局面。这种情况的出现往往不是技术的问题，而是价格波动异常的体现，此时进行交易，除非是碰运气，否则很难准确判断出后期价格的方向。

一阳锁做空（卖出）套利风险示意图。（图3-52）

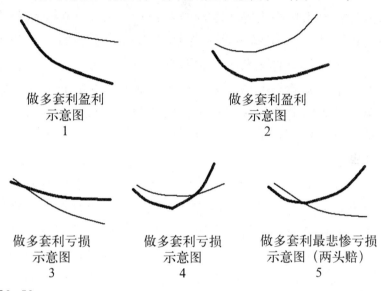

做多套利盈利
示意图
1

做多套利盈利
示意图
2

做多套利亏损
示意图
3

做多套利亏损
示意图
4

做多套利最悲惨亏损
示意图（两头赔）
5

图3-52

进行一阳锁做空套利同样也有两种盈利方式以及三种亏损方式，避免风险扩大以及在风险出现时获取盈利的方法同样为采取开锁方式进行交易。下面结合图3-52进行具体讲解。图中的粗线均为空仓盈利锁，细线为多仓保护锁。

示意图1是一阳锁做空套利第一种盈利示意图。开仓以后，盈利锁品种出现大幅下跌，保护锁品种出现小幅下跌。盈利锁仓位产生较大盈利，保护锁仓位出现亏损，但由于盈利幅度远大于亏损幅度，因此成功实现盈利。这是一阳锁做空套利正常情况下的盈利表现，价格的波动按照预期产生了下跌。

示意图2是一阳锁做空套利第二种盈利示意图。开仓以后，盈利锁品种下跌后产生了反弹，但是反弹的幅度比较小，保护锁品种略微下跌后便产生了大幅上涨。盈利锁产生小幅亏损，而保护锁产生大幅盈利，盈利幅度远超过亏损幅度。后期价格走势与预期不符，没有出现下跌而是产生了上涨，但由于价格波动符合龙头下跌品种跌多涨少、跟风品种跌少涨多的特性，因此进行一阳锁做空套利在价格上涨时仍然可以产生盈利。这种走势是盈利锁与保护锁互换的现象。

示意图3是一阳锁做空套利的亏损方式之一，其亏损的原因为：原本应当大幅下跌的盈利锁却形成了小幅下跌的走势，而原来应当小幅下跌的保护锁却形成了大幅下跌的走势，造成的局面是盈利锁小幅盈利，而保护锁大幅亏损。当这种现象有延续迹象的时候，应当及时将保护锁进行平仓，以减少亏损，盈利锁应根据价格的波动特点及结合投机方法择机平仓，并尽量选择一个可以将亏损最小化的位置平仓盈利锁。这种走势是龙头转换跟风，从而导致亏损的产生。

示意图4是一阳锁做空套利在价格出现反方向波动时的亏损方式之一，其亏损原因为开仓以后价格出现短暂下跌后上涨。价格此时的上涨并不可怕，只要盈利锁的涨幅小（亏损小），保护锁的涨幅大（获利多），照样可以实现盈利；但如果盈利锁的涨幅大（亏损大），而保护锁的涨幅小（获利少），就会出现亏损风险。这种亏损风险的处理方法为：当盈利锁的涨幅有加大迹象时，及时平仓盈利锁，由于此时价格上涨，可以结合投机技术晚一些平仓保护锁，以最大可能地减少亏损。这种走势是双向龙头，是产生亏损的主要原因，往往在趋势有逆转的情况下出现。

示意图5是一阳锁做空套利最悲惨的亏损形式，在操作过程中两个相关品种形成如此走势时必须及时同时平仓。亏损的原因为：开空仓的盈利锁出现上涨，开多仓的保护锁出现下跌，形成两头赔的局面。

通过示意图各位投资者更加明确了盈利与亏损的方式，这对于未来的实战操作必然会起到帮助作用。无论价格如何波动，盈利的方式与亏损的方式都不会有太大的变化，只要灵活地运用开锁的交易方式，便可以把亏损降到最低，并且在价格波动与预期不一致时依然有可能实现盈利。

第四章

一阳期校培训摘录

身处资本市场，无论是谁都必须不断地学习。笔者早期进入股票市场时，有幸得到好的老师教导，少走了不少弯路，不至于像很多股民一样，等学到一些知识后，钱已经赔光了，想翻身却没有了机会。随后，笔者又创办了一阳股校，每天都结合股市的波动为学员讲解一些当前市场需要掌握的操作方法，尽量减少股民朋友因走入误区而损失利益的可能性。

同时，为了使期货投资者也可以少走弯路，可以进行系统性的学习，笔者成立了一阳期校。一阳期校为学员进行如下培训：

1．每个交易日一份书面培训内容，将当天经典的走势特点进行总结，帮助学员掌握当前行情下价格波动的最新技术特点，从而适应当前的价格波动规律；

2．每个交易日一份作业及答案，对近期的技术要点进行提问，让学员在不断地思考中提升自身能力；

3．每周至少两次视频教课件，这是每天一份书面培训的升华，通过图像与语音的形象结合，进一步巩固培训的效果；

4．每个交易日实盘中为学员提示一阳锁套利及投机机会的切入点，将理论与实战完全地结合起来。

同时，每个交易日晚上20：00笔者均会在呱呱聊天室中为各位期友进行免费语音培训，想要参加一阳期校的朋友可以前往试听，具体培训时间及参加方式请见网站www.tzsd168.com及www.tzsd168.com/bbs的公告。有想进一步了解一阳期校培训内容的朋友，可以向以下工作人员咨询：

李助教：987858807

纪助教：879558631

姚助教：506882716

魏助教：122138483

同时，为了回报各位读者的支持，凡是购书的期友均可以向上述工作人员索要20个视频教学课件！

以下摘录的是2009年7月份的部分书面培训教材及作业，希望这些内容对大家的学习会有所帮助。

2009年7月8日培训教材

本次培训主要讲解：价格下跌过程中布林线指标上轨的压力作用，并由此得出的做空介入点。

沪锌0910合约

2009年7月8日走势图。（图4-1）

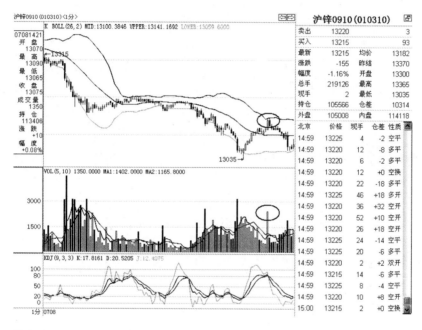

图4-1

沪锌0910合约2009年7月8日（图4-1）在盘中形成了明显的下降趋势，因此操作的主观点就是在价格破位时做空，或是在价格反弹的高点做空。

下午13：45，价格在连续下跌后出现反弹（一分钟K线图），反弹过程中成交量随着价格的上涨越来越小，这说明价格的上涨未得到做多资金的积极追捧，因此价格上涨并不扎实。

　　下午13：58，价格再度收出的阳线触及了布林线指标上轨，并且这一根一分钟K线出现了明显的巨量现象，在这个关键位置出现巨量说明资金争执较大，价格容易形成反向波动。对于这种在大的下降趋势中触及布林线指标上轨压力又形成巨量的波动，应当在布林线指标上轨附近开仓做空。

2009年7月8日培训作业

本次作业目的：让学员掌握下跌结束后价格震荡上涨过程中布林线指标下轨和中轨支撑的投机性做多点位。

橡胶0911合约

2009年7月8日走势图。（图4-2）

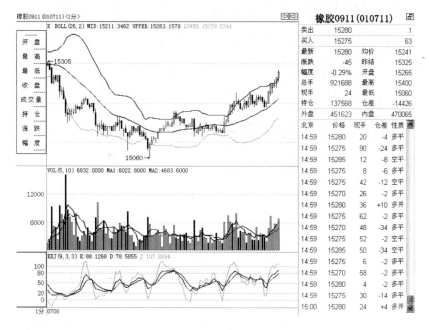

图4-2

问题：

请说出图中两处常见的下跌结束后的投机性做多买点所在。

橡胶0911合约

2009年7月8日走势图。（图4-3）

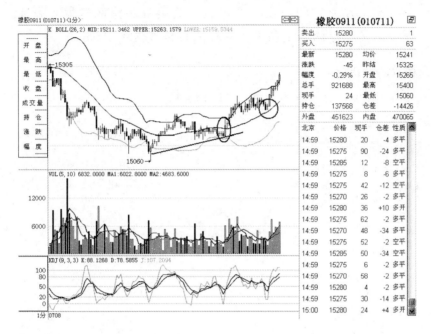

图4-3

答案（图4-3）：

第一个买点是：价格连续下跌后形成新低不创走势，价格触及布林线指标下轨获支撑后收出一根放量阳线突破布林线指标中轨，此时是一个标准的买点。这种买点要求出现在价格持续下跌以后，新低不创意味着做空力度的衰竭。

第二个买点是：价格形成明确上升趋势，而后产生回落，缩量调整到布林线指标中轨附近时可以开仓做多。

2009年7月9日培训教材

本次培训主要讲解：让学员结合布林线指标掌握价格形成震荡上涨时的技术特征。

沪铜0910合约

2009年7月9日走势图。（图4-4）

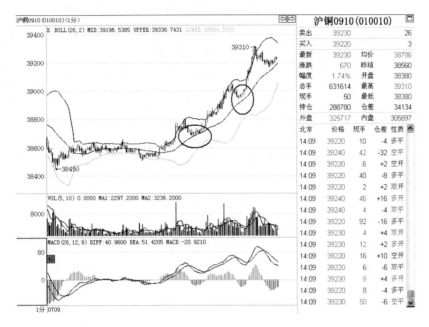

图4-4

沪铜0910合约2009年7月9日（图4-4）形成了连续上涨的走势，在价格上涨过程中的走势非常经典。

一分钟K线图及布林线指标形成上升趋势后，价格调整到布林线指标中轨时受到支撑，而后再度起涨。对于这种走势，可以在价格触及中轨时或接近中轨时开多仓顺势而为。

技术要求：在价格向中轨回落的时候不能明显放量，缩量小幅回落最好。同时不能收出大实体阴线，否则空头力量较大将会影响价格后期的上涨，以小阴线调整为好。价格调整前的高点也不宜放量，否则高点有大量获利平仓盘出现，也将会影响价格后期的上涨。

　　一般来讲，震荡上涨以做第一次和第二次触及中轨为标准，连续上涨后，可能第三次以上级别的调整也会受到中轨支撑，但由于价格涨幅增大，获利空间将会减小，继续做多风险会略大。除非整体市场明显处于多头状态，否则只做第一次和第二次中轨支撑的做多机会。

2009年7月9日培训作业

本次作业目的：让学员思考及掌握价格在上涨后形成震荡走势时的高抛低吸的操作方法。

棕榈1001合约

2009年7月9日走势图。（图4-5）

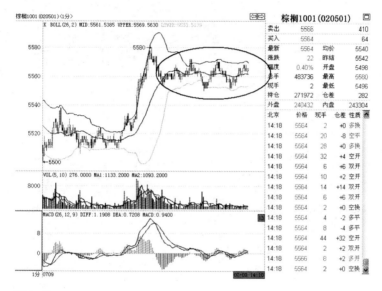

图4-5

问题（图4-5）：

图中的走势应当怎样进行高抛低吸的操作？

答案（图4-5）：

价格在形成震荡前出现了一波上涨的走势，而后形成震荡。从大趋势来讲，属于上涨途中的调整，因此，面对价格的震荡应当保持多头思路。在价格调整到布林线指标下轨时开多仓，当价格上涨至布林线指标上轨受到压力时平多单。而后等到价格调整到下轨时再开多仓，到上轨再平多单。

但是这种震荡不会一直持续，一般上下震荡三四回后价格就会选择最终的方向。

2009年7月10日培训教材

本次培训主要讲解：板块性做多形态的技术特点。

豆粕1001合约

2009年7月10日走势图。（图4-6）

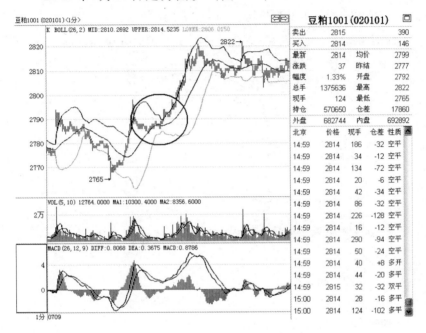

图4-6

豆一1001合约

2009年7月10日走势图。（图4-7）

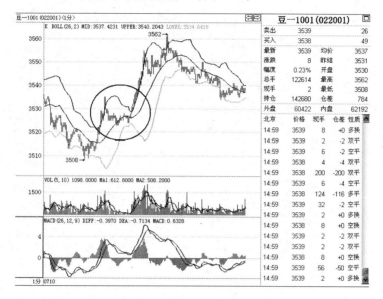

图4-7

豆油1001合约

2009年7月10日走势图。（图4-8）

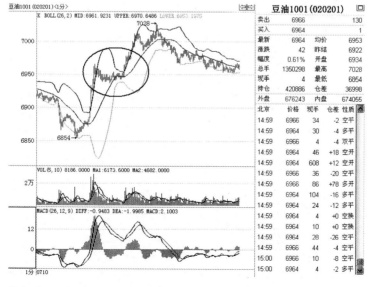

图4-8

棕榈1001合约

2009年7月10日走势图。（图4-9）

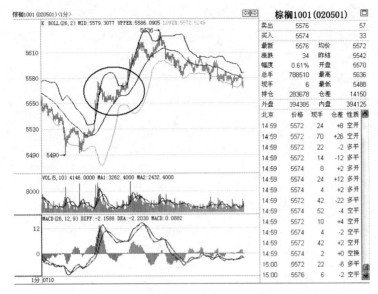

图4-9

菜油1001合约

2009年7月10日走势图。（图4-10）

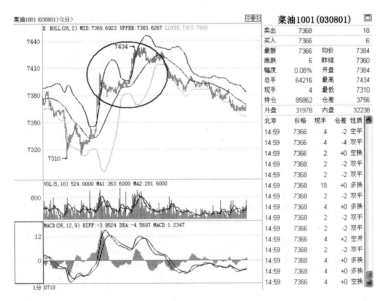

图4-10

　　请学员查看：豆粕1001合约（图4-6）、豆一1001合约（图4-7）、豆油1001合约（图4-8）、棕榈1001合约（图4-9）、菜油1001合约（图4-10）的走势。

　　今天的技术点为：在上午10：50分左右，这五个品种均形成了一波拉升后的布林线指标中轨支撑现象，这五个品种同属一个大类的块板，走势具有较高的相关性。如果一个板块在同一时期形成同一种经典的形态，那么，它们后期的波动方向将会高度一致。

　　今天这五个相关品种形成了板块性布林线指标中轨支撑的现象，那么，价格后期继续上涨的概率将会是极大的。板块性经典形态的出现，比单一品种经典形态出现的成功率要更高。像今天这五类品种形成的形态，一旦某一个品种的价格形成突破，也必然会形成整体性上涨的二次拉升行情。

2009年7月10日培训作业

本次作业目的：让学员思考及掌握价格形成突破时所需的量价配合形态。

螺纹0910合约

2009年7月10日走势图。（图4-11）

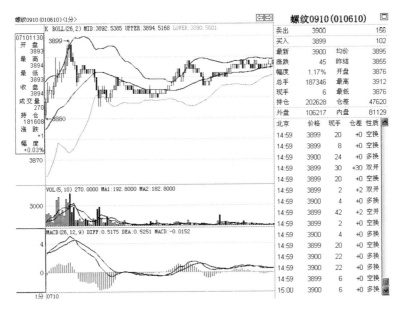

图4-11

问题（图4-11）：

价格在图中形成什么样的量价配合可以进行做多操作？

答案（图4-11）：

价格前期上涨后调整，而后又反弹至前高点区间，一分钟K线形态具有上攻的迹象。此时做多买点的形成需要满足两个条件。一是价格形成突破，这意味着新一轮上涨行情的开始。二是成交量需要放大，只有量能放大才能说明做多资金开始入场操作，如果无量则不适合做多。同时，无量的情况下价格就算形成突破，上涨的幅度可能也不会太大。

2009年7月13日培训教材

本次培训主要讲解：价格经典震荡下跌形态的技术特征。

豆粕1001合约

2009年7月13日走势图。（图4-12）

图4-12

豆粕1001合约2009年7月13日（图4-12）下午形成了标准的震荡下跌走势，盘中价格下跌时的技术特点为：反弹无力（反弹阳线实体很小），而下跌力度大，阴线实体远大于阳线实体，下跌时成交量明显放大，而价格反弹时成交量则出现明显的萎缩迹象，这说明空方资金积极做空，而多方资金无力与之抗衡。

图中布林线指标中轨压力作用非常明显，一分钟K线始终位于中轨这道多空分水岭下方震荡，只要价格触及中轨便可以择机进行做空的操作。

2009年7月13日培训作业

本次作业目的：让学员思考及掌握下跌过程中反弹出现时应当如何进行继续持仓的方法。

沪锌0910合约

2009年7月13日走势图。（图4-13）

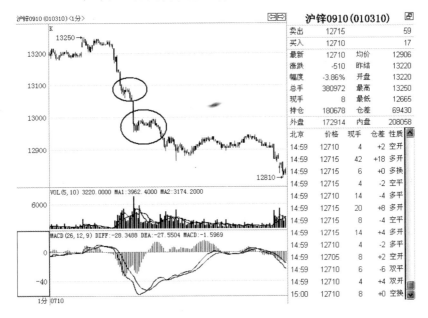

图4-13

问题（图4-13）：

图中两处圆圈处可以继续持仓的原因是什么？

答案（图4-13）：

图中两处反弹走势之所以可以继续持有空仓，是因为在价格下跌后反弹的过程中，阳线始终无量，这说明没有多方资金敢于积极入场开多仓，同时也说明空方没有大量平仓，而阴线放量则说明空方做空力度非常大，并且态度积极，因此价格继续下跌的概率非常大，价格下跌概率较大则可以继续持有空仓。

2009年7月14日培训教材

本次培训主要讲解：价格强势放量上涨的技术特点及上涨后的低吸高抛方式。

L 0909合约

2009年7月14日走势图。（图4-14）

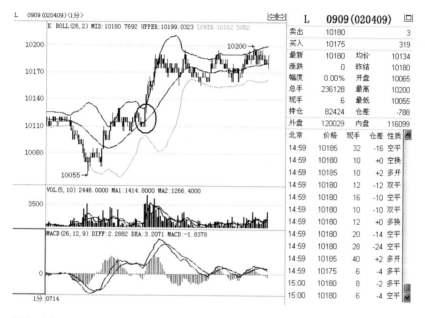

图4-14

L 0909合约2009年7月14日（图4-14）价格筑底后，一分钟K线调整触及布林线指标中轨受到支撑而后开始上涨，量能的明显放大给价格提供了足够的上涨动力。上涨过程中价格连续收阳线，并且K线始终位于布林线指标上轨之外，只要K线没有回归到布林线指标上轨之内，便可以一路持仓，直到价格回归到布林线指标上轨之内时再择机平仓。放量强势上涨的主要特征就是一分钟K线始终位于布林线指标上轨之外。

　　上涨后，价格出现震荡走势，震荡区间成交量极度萎缩，满足震荡操作的量能要求。由于对应的前一波行情是上涨，所以此时应当进行低开多仓高平仓的操作，价格回落到布林线指标下轨处时开多单，价格上涨至布林线指标上轨受到压力时平掉多单。

2009年7月14日培训作业

本次作业目的：让学员思考及掌握下跌过程中平空单的正确时机。

白糖1001合约

2009年7月14日走势图。（图4–15）

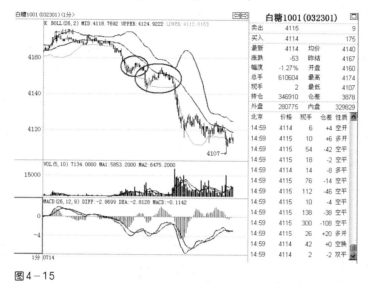

图4–15

问题（图4–15）：

假设持有空单，图中圆圈处是否应当进行投机性平仓？原因是什么？

答案（图4–15）：

假设持有空单，图中圆圈处不应进行平仓操作，第一波反弹未触及布林线指标中轨压力便回落，是标准的弱势特征。第二波反弹高点虽然突破中轨，但是成交量非常低迷，价格的上涨未得到资金认可，因此继续下跌的概率较大，所以不必急于平空单。

如果反弹时成交量有所放大，则应当择机平仓；成交量持续低迷，应当相应忽视K线形态，而注重大的趋势方向。

2009年7月16日培训教材

本次培训主要讲解：一阳锁套利最完美的开仓时机。

豆粕1001合约

2009年7月16日走势图。（图4-16）

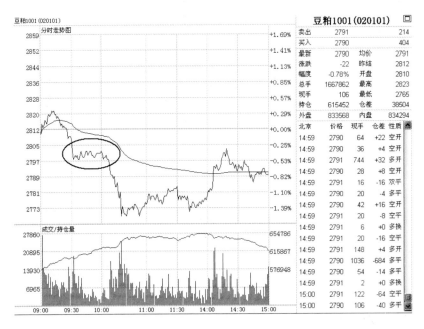

图4-16

豆一1001合约

2009年7月16日走势图。（图4-17）

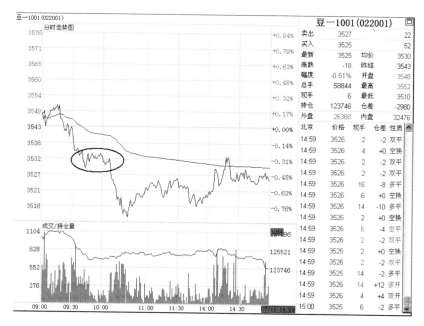

图4-17

豆粕1001合约（图4-16）与豆一1001合约（图4-17）2009年7月16日早盘出现下跌，下跌中途形成了一次弱势反弹的走势。从下跌幅度来看，豆粕1001合约领跌应当对它开空仓，而对跟风下跌的豆一1001合约开多仓。在价格下跌后的震荡区间，方向并不明确，因此不适合进行单边的投机交易，但适合进行一阳锁套利的开仓。

在价格单一波动时虽然也可以进行一阳锁套利交易，但不如在价格平稳状态下开仓的好。价格平稳时总会打破，开仓后可以更好地判断出未来的方向，以便进行平掉不利仓位的方法交易，扩大利润。未来进行一阳锁套利交易，要注意这种极好的开仓机会，价格波动后形成临时的震荡，在震荡区间价格平稳区间开仓交易是最好的时机。

2009年7月16日培训作业

本次作业目的：让学员思考及掌握价格处于明显弱势状态下的正确操作思路。

豆一1005合约

2009年7月16日走势图。（图4-18）

图4-18

问题（图4-18）：

某投资者在价格下跌后看到形成了低点不破的迹象，便进行了开多仓操作，这样的操作是否正确？

答案（图4-18）：

从绝对的投机角度来讲，所使用的方法是正确的，价格连续下跌后不再创新低说明空方力度有所减弱，价格有可能出现反弹，介入点是经过确认的价格新低不创的区间，技术上没有问题。

不过该投资者的交易属于逆势而为的交易，站在资金安全性的角度，这样的操作并不太适合，因为价格下降趋势已经明确形成，什么位置才是真正的低点很难判断，逆趋势而为要承担一定的风险。

正确的操作应该是：在价格下降趋势明确形成后，利用技术方法在价格反弹的高点处进行做空，由于价格趋势向下，就算临时被套，因为服从大趋势，安全性也会较高。

2009年7月17日培训教材

本次培训主要讲解：利用相关品种的率先向上突破进行做多操作的方法。

棕榈1001合约

2009年7月17日走势图。（图4-19）

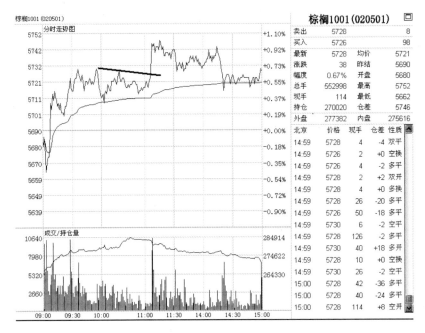

图4-19

豆油1001合约

2009年7月17日走势图。（图4-20）

今天盘中对棕榈1001合约进行了做多的投机性操作，利用了很经典的板块性联动的方法。

盘中棕榈1001合约（图4-19）2009年7月17日的高点很重要，因为这也是日K线级别的高点，一旦突破这个高点，价格向上冲击的概率比较大。正常来讲，根据单一品种分时线，如果价格没有突破新高点而开多仓容易承担一些风险，

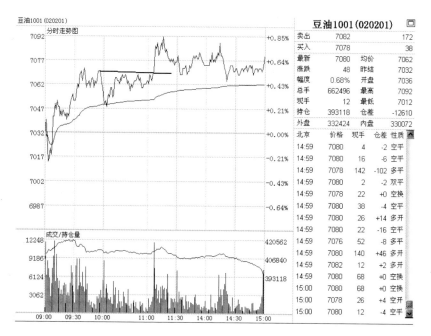

图4-20

假如价格没有形成突破就容易产生亏损。

而豆油1001合约（图4-20）的分时线在同期则有率先向上突破的迹象，豆油1001合约的走势是一种提示，一旦豆油1001合约形成了突破，那么棕榈1001合约也必然会形成上攻的态势。因此，在豆油将要突破盘中高点时，便对棕榈在5722元处开了多仓。

获利的方法是：相关品种率先突破的走势。豆油、棕榈、菜油是相关板块，价格波动相关性很高，同涨同跌，一旦豆油形成向上动作，必然会对另两个品种形成促进。因此，在豆油1001合约有迹象上涨时，虽然棕榈1001合约还没有形成突破，但依然可以开多仓操作，因为豆油1001合约的突破必然会对棕榈1001合约起到强大的带动作用，棕榈1001合约上涨，便带来了盈利。

2009年7月17日培训作业

本次作业目的：让学员思考及掌握尾盘持仓量大幅减少的原因。

橡胶0911合约

2009年7月17日走势图。（图4-21）

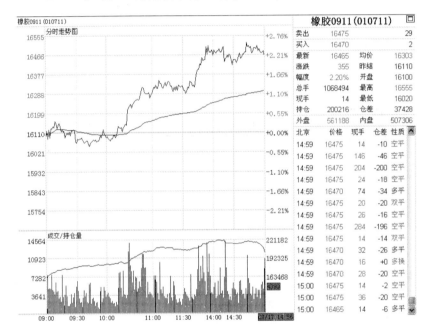

图4-21

问题（图4-21）：

该品种尾盘期间持仓量降低的原因是什么？

答案（图4-21）：

临近收盘前各品种都经常会有这种现象，持仓量在最后几分钟有明显减少的迹象，这是一种正常现象（只要不是巨量减少），小幅减少是由于一些投机客不愿进行隔夜持仓操作而进行的平仓行为，是典型的日内交易者平仓所造成的。

2009年7月21日培训教材

本次培训主要讲解：均价线的压力作用及利用压力作用的做空方式。

沪铜0911合约

2009年7月21日走势图。（图4-22）

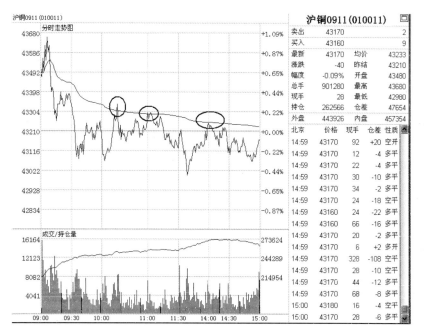

图4-22

2009年7月21日开盘后，沪铜0911合约（图4-22）出现大幅下跌的走势，下降趋势已经明确，在价格波动过程中应当寻找高点进行做空操作。

做空点位除了可以参考分钟K线图的走势以外，还可以在分时图中利用均价线的压力作用进行操作。只要价格反弹到均价线处时，便可以择机开空仓。

　　这种方法只适合在价格空头迹象明确的时候进行。正常情况下，均价线是多空分水岭，价格位于均价线之上做多容易获利，价格位于均价线下方则做空比较容易获利。特别是价格在下跌后出现反弹至均价线处时，这个点位做空往往效果不错。同时还要求当天的市场偏空，如果市场气氛偏多的话，做空获利的可能性会降低。

2009年7月21日培训作业

本次作业目的：让学员思考及掌握价格下跌时做空的较好时机。

PTA 0909合约

2009年7月21日走势图。（图4-23）

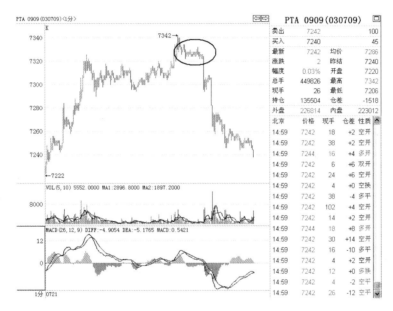

图4-23

问题（图4-23）：

图中圆圈处投机性做空是否合适？

答案（图4-23）：

不合适。看图说话，这个位置是非常理想的做空点位。但放到实战操作中，由于横盘震荡区间价格的上升趋势并未明确破坏，所以此时投机性做空并不适合。在横盘大阴线出现后，在价格无量反弹的区间做空比较适宜。大阴线的出现说明上升趋势有结束迹象，而价格无量反弹说明多方参与的积极性有所降低，因此比较适合投机性做空。

2009年7月23日培训教材

本次培训主要讲解：价格上涨至高点时的波动特征。

L 0911合约

2009年7月23日走势图。（图4-24）

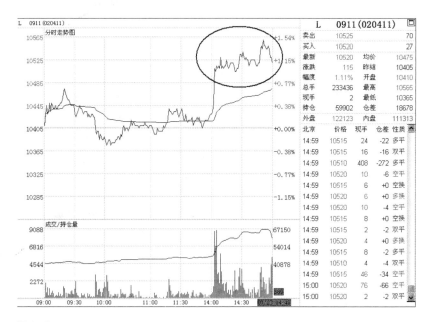

图4-24

　　L 0911合约2009年7月23日（图4-24）尾盘出现快速上涨走势，价格在上涨过程中成交量明显放大，同时持仓量也明显增加，有资金在盘中积极运作。对于上涨形态，常见的现象就是价格形成首次震荡高点以后，并不会马上下跌，而是继续在高点保持一段时间的震荡，而后要么回落，要么继续上涨。

　　价格在高点震荡时的特征为：杀跌的低点不会太低，并且价格很容易形成震荡区间的冲高走势，一旦有所冲高，马上就会形成调整，使得整体形态保持在箱体中震荡。

2009年7月23日培训作业

本次作业目的：让学员思考及掌握首根K线对价格后期的压力作用及相应的操作方法。

橡胶1001合约

2009年7月23日走势图。（图4-25）

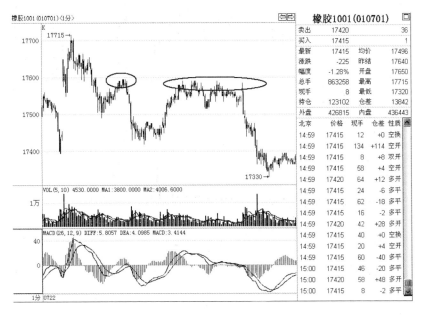

图4-25

问题（图4-25）：

价格在下跌形成后出现了两次反弹，这两个反弹的高点有什么样的共性？

答案（图4-25）：

两次反弹的高点共性为受到了首根K线收盘价的压力。价格位于首根K线下方，说明市场是空头市场，应当找高点进行做空操作。而当价格反弹至首根K线区间有上涨停止迹象时，就可以在首根K线的压力区间择机开仓做空。

2009年7月27日培训教材

本次培训主要讲解：经典的日K线下跌形态。

白糖1005合约

2009年7月走势图。（图4-26）

图4-26

白糖1005合约（图4-26）前期连续上涨后形成了横盘宽幅震荡的走势，随后在2009年7月期间价格下跌收出一根大实体阴，价格连续几天反弹后，受到大阴线开盘价压力，而后再度下行，继续收出一根大实体阴线，这根阴线将连续几天的阳线全部吞没掉。这种走势空方占据绝对的主动，虽然多方反抗，但空方的打击却可以致命，对于这种在明确下降趋势中形成反弹后又被一根阴线吃掉的走势，是经典的下跌途中做空的技术形态。

2009年7月27日培训作业

本次作业目的：让学员思考及掌握相同品种不同交割月份合约的强弱确定方式及操作对象的确定。

PVC 0909合约及0911合约

2009年7月27日走势图。（图4-27）

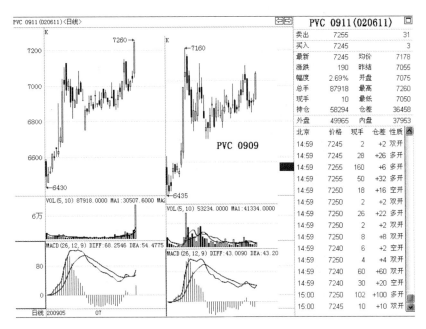

图4-27

问题（图4-27）：

图中为PVC不同月份合约走势。假设价格后期有可能继续上涨，对哪个品种做多比较合适？

答案（图4-27）：

应对PVC 0911合约进行做多，因为该月份PVC 0911合约率先创出新高，多头迹象更加明确。

2009年7月28日培训教材

本次培训主要讲解：价格低点区间震荡上行时的介入时机。

豆粕1005合约

2009年7月28日走势图。（图4-28）

图4-28

从豆粕1005合约2009年7月28日（图4-28）K线图中的走势来看，价格在上涨过程中低点形成了连续抬高的迹象，形成了一条非常明显的上升趋势线。同时，前两天的大阳线出现后，价格在阳线范围内进行连续的震荡，在实际操作时，可以将这几天的震荡高点视为重要区间。如果价格无法突破这个震荡区间的高点则有可能转势向下。但如果价格有能力向上突破这个震荡区间，便意味着做多机会的到来。

面对震荡区间，突破的介入点有两个，一个是突破震荡区间的最高收盘价，一旦创出最高收盘价，意味着价格第二天继续大幅上涨的概率较大。另一个就是突破震荡区间的最高点，一旦最高点被突破，就表示这个区间内空方最后一道防线已经攻破，价格继续上涨的可能性非常大。

2009年7月28日培训作业

本次作业目的：让学员思考及掌握相同合约不同交割月份做多目标的选择方式。

豆油1005合约

2009年7月28日走势图。（图4-29）

图4-29

豆油1001合约

2009年7月28日走势图。（图4-30）

图4-30

问题（图4-29及图4-30）：

假设价格后期将会继续上行，图中两份合约应当对谁更为积极地做多？原因是什么？

答案（图4-29及图4-30）：

应当对豆油1005合约更加积极地做多，因为从该合约的走势来看，收盘价已经创下了新高，而豆油1001合约则距离高点有一段距离，因此豆油1005合约做多的迹象更加明显。

2009年7月31日培训教材

本次培训主要讲解：跟风品种杀跌走势的形成对领涨品种涨停后的影响。

沪锌0911合约

2009年7月31日走势图。（图4-31）

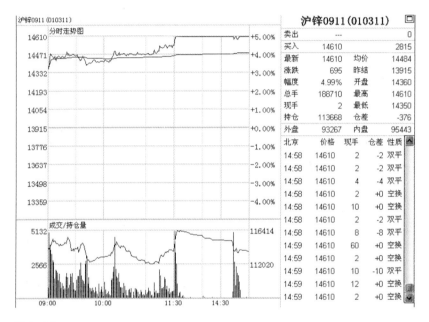

图4-31

沪铝0911合约

2009年7月31日走势图。（图4-32）

领涨品种形成涨停以后，有时可能会出现打开涨停板的现象，强势市场中涨停板打开了可能还会再封上，而如果外部环境较弱的话，涨停板打开后有可能就会回落下来，所以，进行投机性操作，必须要掌握一些技术特征去判断领涨品种的涨停板是否会打开。

当领涨品种涨停后，跟风品种往往也会上涨，如果跟风品种的走势保持着强势状态，并且没有明确下跌迹象时，领

图4-32

涨品种的涨停板往往很难打开。而一旦跟风品种出现杀跌走
势，此时就要小心领涨品种涨停板打开的可能。

图中沪铝0911合约（图4-32）2009年7月31日上涨后
出现了跳水下跌的走势，而对应的领涨沪锌0911合约（图
4-31）则随之打开了涨停板。利用跟风品种是否会大幅杀跌
来判断领涨品种的涨停是否有可能打开，是一个非常简单却
非常有效的方法。这种方法可以较为准确地提醒投资者涨停
板封得牢靠与否。当然，在具体分析中，还需要查看涨停板
处的封单量。

2009年7月31日培训作业

本次作业目的：让学员思考及掌握一阳锁做多套利开多单及开空仓目标的选择。

豆粕1005合约

2009年7月31日走势图。（图4—33）

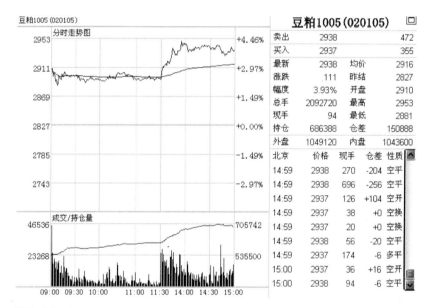

图4—33

豆一1005合约

2009年7月31日走势图。（图4-34）

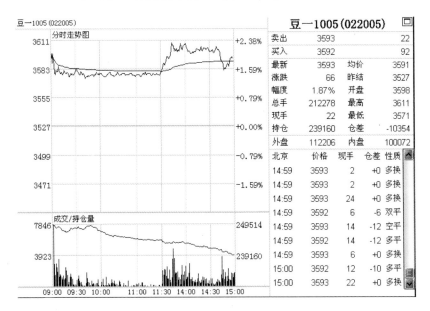

图4-34

问题（图4-33及图4-34）：

如果进行一阳锁做多套利，应当对谁做多，对谁做空？理由是什么？

答案（图4-33及图4-34）：

应当对豆粕1005合约做多，对豆一1005合约做空。这是因为豆粕1005合约的价格始终位于早盘期间的最低点上方波动。而豆一1005合约则始终保持着新低不断小幅出现的迹象，相比豆粕1001合约走势明显弱化。

"引领时代"金融投资系列书目

序号	书名	作者	译者	定价
		世界交易经典译丛		
1	《我如何以交易为生》	（美）加里·史密斯	张轶	42.00元
2	《华尔街40年投机和冒险》	（美）理查德·D.威科夫	蒋少华、代玉簪	39.00元
3	《非赌博式交易》	（美）马塞尔·林克	沈阳格微翻译服务中心	45.00元
4	《一个交易者的资金管理系统》	（美）班尼特·A.麦克道尔	张轶	36.00元
5	《非波纳奇交易》	（美）卡罗琳·伯罗登	沈阳格微翻译服务中心	42.00元
6	《顶级交易的三大技巧》	（美）汉克·普鲁登	张轶	42.00元
7	《以趋势交易为生》	（美）托马斯·K.卡尔	张轶	38.00元
8	《超越技术分析》	（美）图莎尔·钱德	罗光海	55.00元
9	《商品期货市场的交易时机》	（美）科林·亚历山大	郭洪钧、关慧——海通期货研究所	42.00元
10	《技术分析解密》	（美）康斯坦丝·布朗	沈阳格微翻译服务中心	38.00元
11	《日内交易策略》	（英、新、澳）戴维·班尼特	张意忠	33.00元
12	《马伯金融市场操作艺术》	（英）布莱恩·马伯	吴楠	45.00元（估）
13	《交易风险管理》	（美）肯尼思·L.格兰特	蒋少华、代玉簪	42.00元（估）
14	《非同寻常的大众幻想与全民疯狂》	（英）查尔斯·麦基	黄惠兰、邹林华	58.00元
15	《高胜算交易策略》	（美）罗伯特·C.迈纳	张意忠	48.00元（估）
16	《每日交易心理训练》	（美）布里特·N.斯蒂恩博格	沈阳格微翻译服务中心	48.00元（估）
		实用技术分析		
17	《如何选择超级黑马》	冷风树	——	48.00元
18	《散户法宝》	陈立辉	——	38.00元
19	《庄家克星》（修订第2版）	童牧野	——	48.00元
20	《老鼠戏猫》	姚茂敦	——	35.00元
21	《一阳锁套利及投机技巧》	一阳	——	32.00元
22	《短线看量技巧》	一阳	——	35.00元

图书邮购方法：

方法一：可登陆网站www.zhipinbook.com联系我们；

方法二：可将所购图书的名称、数量等发至zhipin@vip.sina.com订购；

方法三：可直接邮政汇款至：

北京朝阳区水碓子东路22号团圆居101室　　邮编：100026 收款人：白剑峰

无论以何种方式订购，请务必附上您的联系地址、邮编及电话。款到发书，免邮寄费。如快递，另付快递费5元/册。

请咨询电话：010-85962030 （9：00-17：30，周日休息）

邮购信箱：zhipin@vip.sina.com　　网站链接：www.zhipinbook.com

丛书工作委员会

本书工作委员会

智品書業
ZHIPIN BOOKS